VORSPEISEN

Renate Kissel

VORSPEISEN

Mit 93 Rezepten,
exklusiv fotografiert
für dieses Buch
von
Hans Joachim Döbbelin

SIGLOCH
EDITION

Inhalt

In Griechenland trinkt man selten, ohne etwas dazu zu essen, seien es nur ein paar Oliven. Das gilt auch für das Gläschen Wein, das man sich hier genehmigt.

Zur Abbildung auf Seite 2: Ein festlich gedeckter Tisch, ein wohlkomponiertes Menü mit einer kleinen, delikaten Vorspeise – und der Abend kann beginnen.

Ein gelungener Auftakt

Vorspeisen, „Antipasti“, „Appetizers“, „Entradas“, wie auch immer die bekannten mundgerechten Appetithappen und kleinen Gerichte bezeichnet werden, sie sind etwas für Genießer. Und sie haben eins gemeinsam: sie wecken mit appetitlich frischem Aussehen, bekömmlicher Leichtigkeit und raffiniertem Geschmack Freude und gespannte Erwartung auf das kommende Vergnügen. Oft beginnt mit einer Vorspeise die besondere Mahlzeit, ein Sonntagsessen etwa oder ein Menü aus festlichem Anlaß. Entspannung und Muße sind angesagt. Auf keinen Fall soll sie sättigen, sondern eben nur ein „Hors-d'œuvre“, ein Nebenwerk, oder in seiner kleinsten Ausgabe ein „Amuse-gueule“, ein Gaumenschmeichler, sein.

Eine Auswahl verschiedener kleiner Vorspeisen kann aber durchaus auch eine kleine, leckere Zwischenmahlzeit ergeben. Der Phantasie sind beim Zubereiten und beim Kombinieren keine Grenzen gesetzt.

Über eine so prachtvolle Auswahl an Vorspeisen vergißt man leicht, daß die eigentliche Mahlzeit erst noch kommt. Unter der griechischen Sonne ist die Vielfalt an frischen, aromatischen Zutaten aber auch zu verführerisch.

Fino, Amontillado oder Oloroso, der Sherry hat in Spanien eine lange Tradition und wird nicht nur dort als Aperitif geschätzt.

Ein bißchen Geschichte

Nicht zu allen Zeiten wurden kleine Gerichte vor den Hauptspeisen gereicht. Im Mittelalter kamen alle Gänge, die bereitet waren, gleichzeitig auf den Tisch. Dabei mußten sich oft zwei Gäste je eine Schüssel von jeder Speise teilen. Die Benutzung von Messer und Gabel war noch nicht üblich. Als Teller diente ein Teiggebäck. Lediglich zum Tranchieren war für den Hausherrn ein größeres Messer vorgesehen. Von Gemüse, Salat, Fisch und Fleisch, auch Obst und süßem Gebäck konnte sich jeder nach Belieben in eigener Regie bedienen. Am Ende der Mahlzeit, nach dem Abräumen des Geschirrs, standen wieder Schüsseln bereit, diesmal mit Wasser zum Händewaschen. Daraufhin wurde die Tafel im wahrsten Sinne des Wortes aufgehoben und an die Wand gestellt, um für Darbietungen und Tanz Platz zu machen.

So war also bis zum Mittelalter eine Sitte wieder verlorengegangen, die bis dahin gepflegt worden war, nämlich vor Beginn der Hauptmahlzeit eine kleine Vorspeise zu reichen. Diese bestand oft aus einem Salat von grünen Blättern oder roten Rüben, der auch während des Mahls immer wieder nachgereicht wurde. War jedoch in altrömischer Zeit Salat als Götterspeise vornehmlich der Venus als Opfergabe vorbehalten, so erwähnt der Römer Marcus Gavius Apicius, ein Zeitgenosse des Kaisers Tiberius, in seinem uns überkommenen Kochbuch auch für irdische Tischgenossen Salate. Er beschreibt außerdem verschiedene dazu passende Saucen und beweist dabei einen ausgesprochen feinen Geschmack. Läßt er sie doch mit Honig und Datteln, Essig und Öl, Kräutern, Kümmel, Ingwer, Pfeffer und Salz würzen. „Herba salata", die lateinische Bezeichnung für gesalzenes Kraut, findet sich in unserem heutigen Wort Salat wieder.

Die Herkunft des Wortes läßt vermuten, daß in frühen Zeiten frisch geerntete Gemüse, seien es nun grüne Blätter oder Wurzeln, auch eingesalzen und roh verzehrt wurden. Außer Salaten wurde in römischer Zeit vor einem Festmahl eine Vielzahl anderer kleiner Gerichte als Appetitanreger gereicht.

Hohe Kunst des Menüs

Bis in das hohe Mittelalter verstand man unter Kochkunst mehr oder weniger die Darbietung großer Speisemengen. Erst der

Seit Urzeiten ißt und trinkt der Mensch am liebsten in Gesellschaft. Der Ansturm der Gäste läßt in dieser Bar in Madrid noch auf sich warten. Sind die ersten Gläser aber gefüllt, werden mit Sicherheit auch einige leckere Tapas dazu gereicht.

französische Meisterkoch Auguste Escoffier (1857–1935) setzte ein Zeichen, indem er Qualität vor Quantität stellte. Nicht prunkvoll arrangierte Tafeln, verziert mit allerlei ungenießbarem Beiwerk, sondern die Konzentration auf das Wesentliche der eßbaren Produkte und deren Zubereitung waren ihm am wichtigsten. Feinschmecker wissen die Anleitungen in seinen berühmten „Guide Culinaire“ zu schätzen. Ihm haben wir auch die heute übliche Speisenfolge zu verdanken: Vorspeise – Suppe oder anderes Entrée – Hauptgericht – eventuell weitere Zwischengerichte – Käse – Dessert – Kaffee. Dabei gilt immer: kalte vor warmen Gerichten sowie die Vermeidung von Wiederholungen. So darf zum Beispiel nach gefüllten Paprikaschoten kein Gericht mit Paprika als Beilage folgen. Ebenso sollten die jeweiligen Zubereitungsarten gewechselt werden.

Grenzenlose Vielfalt

Wenn es stimmt, daß der erste Eindruck häufig der entscheidende ist, kann man einer Vorspeise nicht genug Aufmerksamkeit widmen. Die Auswahl ist groß. Vom einfachen Salat aus Gemüse, von Meeresfrüchten, Geflügel oder Fleisch, von den Canapés und Cocktails, gefüllten Tomaten, Avocados oder den Artischockenböden bis hin zu festlichen Pasteten und Terrinen reicht die Palette der kalten Köstlichkeiten. Als warme Vorspeise eignen sich, um nur einige

An den Küsten Italiens bekommt man als Antipasti oft herrlich frische Fische und Meeresfrüchte. Im Landesinnern wie hier in der Toskana darf es ruhig auch Handfesteres sein.

zu nennen, mit Ragout gefüllte Pastetchen, Spießchen, Krapfen, Kroketten, kleine Aufläufe, Quiches oder Toaste, belegt mit Leckereien ganz nach eigenem Gusto.

Verständlich, daß sich durch das Angebot bestimmter Produkte in den jeweiligen Regionen auch bevorzugte Gerichte herausgebildet haben. Diese Besonderheiten spiegeln sich auch in den Vorspeisen wider. In mitteleuropäischen Regionen war es lange Zeit üblich, den Salat grundsätzlich zum Hauptgericht zu servieren. Als kleine Einstimmung ließ man weitverbreitet fast nur eine Suppe gelten. Doch durch zunehmenden Kontakt mit den Eßgewohnheiten anderer Länder lernte man recht bald die Vorteile einer appetitanregenden Vorspeise schätzen, und was woanders geschmeckt hatte, wurde alsbald auch zu Hause zubereitet.

Als appetitanregende Getränke sind ein trockener Sherry oder ein Portwein weltweit bekannt und beliebt. Doch auch andere Drinks mit herbbitterem Geschmack, wie einige Wermutweine oder herbe Cocktails, werden zunehmend vor dem Essen genommen. Vor einem festlichen Essen aus besonderem Anlaß darf Sekt oder

Nicht jeder hat für die Komposition seines Menüs so Edles zur Hand wie dieser erfolgreiche Trüffelsucher.

Champagner nicht fehlen. Zur Begrüßung der Gäste wird er zwanglos im Stehen getrunken.

Vorreiter Frankreich

Schon im 18. Jahrhundert wurden in Frankreich kleine Gerichte unter dem Begriff „Hors-d'œuvre" zusammengefaßt. Später entstanden daraus Vorspeisen, die am Tisch, also vor dem Hauptgericht, serviert wurden. Als Einleitung eines Menüs bietet sich je nach Region eine Vielzahl von Möglichkeiten an. Austern, Meeresfrüchte, eine Auswahl roher Gemüse als „Assiette de crudités" oder ein kleines Omelett, zum Beispiel mit Roquefort und Walnüssen. Auch ein appetitanregender Salat oder ein Stückchen saftige Quiche können dem Genießer in Frankreich als Auftakt zu einem großen Menü begegnen. Im sonnigen Süden wird man vielleicht einer pikanten Anchoiade den Vorzug geben. Undenkbar ist im ganzen Land eine Vorspeisenauswahl ohne die unvergleichlich köstlichen Terrinen oder „Pâtés", die natürlich nie ohne das herrlich knusprige Baguette gereicht werden. Aber auch die „Foie gras" hat, obwohl umstritten, nach wie vor einen festen Platz auf den Tellern der Feinschmecker.

Italiens Antipasti

Im Land der schier unendlich vielen und phantasievollen Arten von Pasta ist es nicht verwunderlich, daß man anderen Teilen des Menüs ebenso große Erfindungslust angedeihen ließ. Allen voran, wie der Name es andeutet, die „Antipasti". Darunter versteht man in Italien kleine, pikante, jedoch leichte Leckerbissen, die als Auftakt zu einer Mahlzeit meist mit einem trockenen Weißwein genossen werden. Oft handelt es sich dabei um regionale Spezialitäten, die ohne große Zubereitung einfach appetitlich arrangiert sind. Man denke nur an die berühmte Vorspeise „caprese", Tomaten, Mozzarella und Basilikum, gewürzt nur mit Salz und Pfeffer – und mit feinstem Olivenöl. Oder an den Parmaschinken mit Melone – oder ein köstliches Carpaccio. Diese Gerichte bieten höchsten Genuß einzig durch die geschickte Kombination und exzellente Qualität der einzelnen Zutaten.
Es dürfen aber auch einmal verschiedene kleine Pizzen, ein paar leckere Crostini oder eine Auswahl marinierter Gemüse sein. Auf die Vorspeisen folgen dann übrigens die „Primi piatti", meist Nudel- oder Reisgerichte.

Ob grüne oder schwarze Früchte von den oft uralten Olivenbäumen oder duftende Steinpilze aus herbstlichen Wäldern – sind die Zutaten von bester Qualität, ist auch das einfachste Gericht eine schöne Einstimmung auf kommende Genüsse.

BAKKAL
BEKIR TERZIOGLU

Tapas aus Spanien
Die Küche der Iberischen Halbinsel unterlag im Lauf der Zeit vielen Einflüssen, die sie um manches bereicherten. Die Phönizier brachten den Ölbaum mit, die Römer den Knoblauch, die Mauren Reis, Gewürze, Dattelpalmen und süße Speisen. Kolumbus sorgte für Kartoffeln, Tomaten und Kakao. Im Gegensatz zur verfeinerten französischen Küche blieb die spanische ursprünglich und einfach. Dennoch zeigt sie sich in den verschiedenen Regionen enorm vielfältig.
Eine Besonderheit sind dabei die „Tapas". Man genießt diese mundgerechten leckeren Häppchen zu jeder sich bietenden Gelegenheit. Schon zum zweiten Frühstück, dem „Almuerzo" könnten einige Oliven oder Schinkenröllchen zu Brot und Kaffee schmecken. Bis zum frühen Nachmittag vor dem Mittagessen, der „Comida", bieten Tapas eine willkommene Zwischenstärkung, die sich durchaus mit einem trockenen Sherry, dem Fino, kombinieren läßt. Hier liegt auch ihr Ursprung. „Tapa" bedeutet Deckel. Auf ein Glas Sherry legte man einst eine Scheibe Brot, Schinken oder Chorizo, um einmal den kostbaren Inhalt vor zudringlichen Fliegen zu schützen, sodann wohl auch, um möglichst wenig des kostbaren Aromas entweichen zu lassen. Und nicht zuletzt, weil Alkohol dem Magen mit einer kleinen Begleitung allemal bekömmlicher ist.

Mezeler und Mezédes
Türkei – Bindeglied zwischen Europa und Asien, die Griechen nannten es „Anatole", das heißt Morgenland. Hier verstand man schon immer, gut und reichhaltig zu speisen. Die türkische Küche hat ihren hervorragenden Ruf bis auf den heutigen Tag bewahrt. Sie ist vielfältig, raffiniert und einfallsreich. Man verwendet gern viel Gemüse, Kräuter, Zwiebeln, Knoblauch, liebt Joghurt (ein Wort türkischen Ursprungs), Reis und natürlich auch Fleisch. Die Vorspeisenpalette ist ebenso groß wie die schon sprichwörtliche Gastfreundschaft. Da findet man auf bunten Schälchen leckere Fisch- und Fleischbällchen, „Sigara böregi", die gefüllten Teigröllchen, außerdem gefüllte Weinblätter, kleine Pastetchen, Oliven, Käsestückchen sowie viele Arten von Salaten.
Ähnliches bietet Griechenland. Die Menschen im Land zwischen Olymp und Kreta haben die Tra-

Seite gegenüber: Schafskäse findet man auf griechischen und türkischen Vorspeisentellern in den verschiedensten Formen. Und man wird sich einfach nicht schlüssig, ob er nun im Salat, überbacken oder als Füllung von knusprigen Teigröllchen am besten schmeckt.

Seite gegenüber:
Brot ist eine gute Grundlage für jede kräftige Mahlzeit. In Tunesien wird es von den Nomadenfrauen noch auf offenem Feuer gebacken.

dition ihrer antiken Helden-Vorfahren nicht verloren. Essen, Trinken, Diskutieren, Philosophieren, Singen und Tanzen gehören zusammen. Die griechische Küche ist bodenständig. Olivenöl, Wein, Getreide, Gemüse, Fleisch von Lamm und Ziege, Wild, aber auch viel Fisch – alles ist von bester Qualität. Der Eigengeschmack der Produkte wird durch die verschiedenen Zubereitungen nicht verfälscht. Das Frühstück fällt meist spartanisch aus, dafür ist die Hauptmahlzeit am frühen Nachmittag um so ausgiebiger. Sie beginnt mit einem Ouzo zu Brot, Oliven und Käsestückchen. Beliebte Vorspeisen, „Meze", sind der Tintenfisch in Wein, „Oktapódi krassáto" oder die „Taramosaláta", eine Fischrogenpaste. „Tzatziki", Joghurt mit Gurken und Knoblauch, oft auch mit Oliven oder frisch gehackter Minze kombiniert, ist inzwischen wohlbekannt und darf auf keinem Grillfest fehlen.

Spezialitäten rund ums Mittelmeer

Viele Kulturen haben die Eßgewohnheiten des Maghreb geprägt – Berber, Juden, Christen und Araber. Vor Beginn einer ausgedehnten Mahlzeit werden gern Nüsse, Mandeln, Pistazien, pikante Oliven und köstlich zubereitete Gemüsestückchen als Appetitanreger gereicht. Pikant gefüllte Teigtaschen, die „Briks", und „Kebaps", letztere besonders aromatisch, wenn das Fleisch vorher in Öl mit einer raffinierten Gewürzmischung mariniert wurde, stehen auf der Beliebtheitsskala an erster Stelle. Dazu wird reichlich dem Nationalgetränk Tee zugesprochen. Anzunehmen, daß sich hier die Araber durchgesetzt haben, weil der Koran Alkoholgenuß verbietet. Wie in den meisten Anrainerländern des Mittelmeeres wird auch im vorderen Orient die Hauptmahlzeit im Kreise der ganzen Familie eingenommen. Dabei kommt dem zwischenmenschlichen Kontakt eine besondere Bedeutung zu. Auch Gastfreundschaft wird überall groß geschrieben. Man beginnt mit „Mezze", besonderen libanesischen Vorspeise-Spezialitäten, die in unzähligen Schälchen um eine Flasche Arrak – ein Anisschnaps – eine Karaffe Wasser und ein Glas mit Eiswürfeln dekorativ angeordnet sind. Die Schälchen enthalten Leckerbissen wie zum Beispiel „Tabbouleh", ein Salat aus gehackter Petersilie,

Zwiebeln, Tomaten und Weizenschrot oder „Sfiha“, Teigfladen, belegt mit Fleisch oder Gemüse, einer kleinen Pizza ähnlich, oder „Falafel“, in Öl ausgebackene Bällchen aus geschroteten Kichererbsen, mit Knoblauch, Zwiebeln und Petersilie gut gewürzt.

Appetitmacher aus Asien

Das besondere an der chinesischen Küche ist unter anderem die Gartechnik. Mundgerecht geschnittene Stücke werden im stark erhitzten Wok unter Zugabe von etwas Öl stetig gerührt. So kann sich das volle Aroma entwickeln, Frische und Nährstoffe bleiben weitgehend erhalten, und es entsteht eine knusprige Struktur. Auf diese Weise lassen sich schnell die raffiniertesten Vorspeisen bereiten. Selbstverständlich werden aber auch die üblichen Garmethoden wie Kochen, Dämpfen, Schmoren, Braten und Fritieren angewandt.

Im südostasiatischen Raum wird die Hauptmahlzeit abends bei Einbruch der Dunkelheit eingenommen. Tagsüber für zwischendurch zur Stärkung, aber auch für Gäste zu einem Drink, stehen unzählige Häppchen, Spießchen oder kunstvoll verpackte Leckerbissen sowie frische Salate zur

Seite gegenüber:
In Asien ist die klassische europäische Menüfolge weitgehend unbekannt, aber man versteht sich hervorragend auf die Zubereitung kleiner Leckerbissen. Sie werden an Straßen und auf Märkten wie diesem für zwischendurch angeboten.

Der Stör liefert mit seinem Rogen, aus dem der echte Kaviar gemacht wird, eine der begehrtesten Delikatessen der Welt. Das brachte ihn schon oft an den Rand der Ausrottung.

Auswahl. Überall werden sie in Restaurants und kleinen Garküchen auf den Straßen angeboten. Gedämpfte Reisbeutel mit Garnelen, Spinatküchlein aus der Bratpfanne, scharf gewürzte kleine Fleisch- oder Fischstücke, zur besseren Handhabung auf Holzspießchen gesteckt, und vieles mehr läßt einem die Wahl zur Qual werden. Die Milch einer frisch aufgeschlagenen Kokosnuß ist eine schmackhafte und erfrischende Beigabe.

Sushi bestanden in Japan früher vor allem aus Reis und gepökeltem Fisch. Heute sind sie in ihren vielfältigen Variationen köstliche Happen für zwischendurch oder auch vorzügliche Vorspeisen zu einem festlichen Menü. Sie können sogar ein eigenständiges Sushi-Essen bilden. In letzterem Fall sind sie farbenprächtig arrangiert. Dazu wird meistens noch eine Suppe gereicht. Die Zutaten sind den Gegebenheiten der jeweiligen Jahreszeit angepaßt. Aber immer wird der mit dem Reisessig „Su" gewürzte Reis als Basis verwendet. Vor einem Sushi-Essen pflegt man im allgemeinen einen warmen „Sake", einen Reiswein, zu nehmen, um den Gaumen einzustimmen. Zum Hauptgericht gibt es dann fast immer Tee.

Pikantes aus Mexiko

Die in Mexiko zu allen Tageszeiten beliebten „Antojitos", kleine köstliche Happen, werden gern auch als Vorspeise gereicht. Grundlage bildet oft ein nur aus getrocknetem und gemahlenem Mais und Wasser hergestellter Teig. Zur „Tortilla" frisch ausgebacken, können sie mit den verschiedensten pikanten Köstlichkeiten belegt werden. Sie heißen dann „Tostadas". „Tacos" entstehen, wenn sie mit einer scharfen Füllung versehen und zusammengeklappt werden. Die Bezeichnung geht auf die Azteken zurück und bedeutet soviel wie „zur Muschel geformt". Mit Käse gefüllt nennt man sie einfach „Quesadillas". „Enchiladas" sind Tortillas, die nach dem Ausbacken mit verschiedenen Füllungen belegt, eingerollt und anschließend im Ofen gebacken werden. Auch diese waren bereits den Azteken wohlbekannt. Bei Vorspeisen fehlt selten die „Guacamole", eine cremige Sauce, die hauptsächlich aus gut gereiften, pikant gewürzten Avocados besteht. Um die Schärfe der Speisen etwas zu mildern, stehen kühlende Getränke wie der „Tepache" aus Ananas oder der „Tequila" aus Agavensaft bereit.

Herzhafte Happen aus dem Norden und Osten

Die Gastfreundschaft der Skandinavier offenbart sich am schönsten in ihrem mit köstlichen Leckerbissen bestückten, eigentlich schwedischen „smörgåsbord", wo sich ungefähr alles findet, was schmackhaft und appetitlich ist. Dabei verwundert es natürlich nicht, daß viele Leckerbissen aus dem Meer kommen. Neben geräuchertem Fisch und Graved Lax fehlen aber auch niemals Roastbeef und Fleischbällchen sowie eine ganze Auswahl verschiedener Brotsorten.

In Rußland kann ohne Zweifel das Brot als Urform der Vorspeise angesehen werden. Gäste werden auch heute noch mit Brot und Salz empfangen. Das soll aber nicht heißen, daß man im Lauf der Zeit keine anderen leckeren Vorspeisen erfunden hätte. So können vor dem Hauptgericht außer Salzgurken, Krautsalat mit Äpfeln oder Fischsülze andere Kleinigkeiten mit Kaviar, Fisch oder Fleisch, Gemüsen oder Pilzen als kleine Appetitanreger gereicht werden.

Ein überwältigendes kulinarisches Erlebnis ist die traditionelle russische Zakuska-Tafel, die an das schwedische Smörgasbord erinnert. Diese Vorspeisentafel ist ein richtiges Ritual und kann derart üppig sein, daß für die Hauptspeise kaum noch Platz bleibt. Schon deshalb darf der Wodka darauf nicht fehlen. Ein Gläschen davon verbrüdert alle zu einer friedlichen Familie.

Spontaner Umtrunk mit Freunden oder Auftakt zum großen Menü – Speisen und Getränke scheinen der Stimmung dieser georgischen Gesellschaft zuträglich zu sein.

Salate – Genuss in jeder Saison

Fast alle Lebensmittel lassen sich für Salate verwenden. Mit einer passenden Sauce – cremigem Dressing, feiner Vinaigrette oder raffinierter Marinade – angemacht und mit vielen Beigaben nach eigenem Geschmack ergänzt, ist jeder Salat eine immer wieder neue und stets willkommene kulinarische Kreation.
Kombinierte Salate werden aus verschiedenen, geschmacklich aufeinander abgestimmten Zutaten bereitet. Je nach ihrer Reichhaltigkeit können sie außer als Vorspeise auch als eigenständige kleine Mahlzeit dienen. Dann reicht man dazu am besten noch etwas Baguette oder Toast und Butter. Auch als Bestandteil eines kalten Buffets sind sie sehr beliebt.
Als Zutaten eignen sich Heringsfilets, Garnelen, Thunfisch, Geflügel, Rindfleisch, Wurst, Wild, um nur einige zu nennen. Salate lassen sich durch Beifügen von Reis, Nudeln, Mais, Kartoffeln, Avocados, Frühlingszwiebeln, Schalotten, Kräutern, Obst und vieles mehr wunderbar immer wieder neu variieren.
Man sollte für alle Speisen, aber besonders für Salate alle Zutaten möglichst frisch verarbeiten. Das gilt besonders für Blattsalate. Ihre jeweilige Saison, beziehungsweise Haupterntezeit können Sie der folgenden Aufstellung entnehmen:

Kopfsalat:	April bis Oktober
Löwenzahn:	Mai bis Juni
Portulak:	Mai bis Juni
Eichblattsalat:	Juni bis Dez.
Eisbergsalat:	Juni bis Oktober
Endivie:	Juli bis Oktober
Feldsalat:	Oktober bis März
Brunnenkresse:	Oktober bis Mai
Chicorée:	Oktober bis Januar
Radicchio:	Oktober bis März
Romana:	Nov. bis Februar

Während Blattsalate fast nur roh gegessen werden, kommen für Gemüsesalate verschiedene Möglichkeiten der Verarbeitung in Betracht.

1. Roh gegessen werden:

Radieschen:	April bis Juni
Rettich:	April bis August
Tomaten:	April bis Oktober
Gurken:	Juni bis September
Sauerkraut:	das ganze Jahr

2. Roh oder gekocht gegessen werden:

Kohlrabi:	April bis August
Paprika:	Juni bis September
Sellerie:	August bis Januar
Rotkohl:	September bis März
Weißkohl:	September bis März
Fenchel:	Oktober bis Januar

„Alles was ihr die Jahreszeit gibt,
das bringt sie beizeiten
Dir auf den Tisch
und weiß mit jeglichem
Tage die Speisen klug zu wechseln.“

Johann Wolfgang v. Goethe

Weißwein-, Champagner-, Sherry- oder Rotweinessig, aromatisiert mit Kräutern, Gewürzen und sogar Früchten, sorgen beim Salatemischen immer wieder für neue Geschmacksvarianten. Dasselbe gilt für Olivenöl, Kürbiskernöl, Distelöl, Sesamöl ...

Karotten:	das ganze Jahr
Champignons:	das ganze Jahr
Zwiebeln:	das ganze Jahr

3. Nur gekocht gegessen werden:

Spargel:	April bis Juni
Erbsen:	Juni bis August
Grüne Bohnen:	Juni bis August
Blumenkohl:	Juni bis August
Kartoffeln:	Juni bis Oktober
Brokkoli:	Juni bis November
Auberginen:	Juli bis Dezember
Rote Bete:	August bis Februar
Lauch:	Oktober bis Mai
Artischocken:	Dez. bis April
Hülsenfrüchte:	das ganze Jahr

Auch mit frischen Keimlingen und Sprossen lassen sich übers ganze Jahr schmackhafte Salate zubereiten. Viele Samen, hierzu zählen auch Getreide und Hülsenfrüchte, besitzen ausgesprochen gute Keimeigenschaften. Während des Keimprozesses nimmt der Vitamingehalt um ein Vielfaches zu, während sich der Energiewert verringert. Zudem besitzen die Sprossen einen hohen Nährstoffgehalt. Sie alle werden roh verarbeitet und sollten aus diesem Grund ganz frisch auf den Tisch kommen. So bleiben ihre Nährstoffe und Vitamine am besten erhalten.

Kräuter-Tips

Eine schmackhafte Beigabe zu den verschiedensten Salaten sind auch Kräuter. Nun hat nicht jeder einen Balkon, auf dem Kräuter wachsen könnten, geschweige denn einen eigenen Garten. Und auch auf dem Markt sind sie frisch nur in den Frühjahrs- und Sommermonaten zu bekommen. Deshalb hier einige Tips zum Konservieren der aromatischen Gewächse:

– Außer der Methode, Kräuter zu trocknen, wird das Einlegen von alters her angewandt. Dazu werden frische Kräuter gewaschen, trockengetupft, feingeschnitten oder püriert in Gläser eingelegt und mit Öl oder Essig übergossen, so daß sie vollständig bedeckt sind. Die Gläser müssen gut verschlossen kühl – jedoch nicht im Kühlschrank – und dunkel aufbewahrt werden.

– Die beste Art, Kräuter zu konservieren, ist das Einfrieren. Aroma, Vitamine und Farbe bleiben besonders gut erhalten. Dazu werden taufrische Kräuter unter fließendem Wasser kurz gewaschen und dann trockengetupft. Je nach späterer Verwendung können sie zerpflückt, feinge-

schnitten oder püriert werden. Dann mit wenig Wasser übergießen und portioniert in einer Eiswürfelschale einfrieren. Anschließend nimmt man die Würfel aus der Schale heraus und verpackt sie in Gefrierbeutel. So stehen sie jederzeit zur Verfügung.

Saucen-Weisheiten

Balzac hat einmal gesagt: „Die Sauce ist der Triumph des guten Geschmacks."

Lassen wir dies also auch für die Salatsauce gelten, denn sie gibt dem Salat die geschmackliche Richtung. Durch sie wird er fruchtig, exotisch, leicht oder pikant.

Je zarter der Geschmack der Hauptzutaten, desto zurückhaltender muß deren Unterstreichung durch die Sauce sein.

– Hauptbestandteile jeder Salatsauce sind Säure und Öl. Während Essig, Zitronen- und Orangensaft, Joghurt und Sauerrahm ihr eine erfrischend pikante Note verleihen, dienen Öle von Oliven, Sonnenblumen, Erdnüssen, Soja, aber auch Sahne oder Mayonnaise der Geschmacksentfaltung und dem Aufschließen fettlöslicher Vitamine. Das ideale Verhältnis von Essig zu Öl beträgt 1 zu 2 bis 3.

– Eine besondere Geschmacksnote verleiht man der Salatsauce durch Beigabe von feingehackten Zwiebeln, Knoblauch, Kräutern, Meerrettich, Kapern und Senf,

Glücklich, wer über eine solche Fülle frischer Kräuter verfügen kann. Aber auch tiefgekühlt oder eingelegt entfalten sie noch einen guten Teil ihres geschätzten Aromas.

„Mit allem Geiste, den man haben mag, ist man ebensowenig wie mit aller Weisheit allein imstande, einen guten Salat zu bereiten; es gehören hierzu durchaus vier Menschen: ein Verschwender, der das Öl gibt und gießt, ein Geizhals für den Essig, ein Weiser zum Salz und ein Narr zum Wenden und Mengen der vier Elemente."

Eugen von Vaerst, 1851

aber auch Wein oder Spirituosen in kleinen Mengen runden den Geschmack wunderbar ab.

– Zur Herstellung von Salatsaucen und zum Anrichten sowie Aufbewahren sollten nur Geschirre und Bestecke aus säurebeständigem Material wie Glas oder Porzellan benutzt werden. So wird eine Oxidation verhindert.

– In größeren Mengen zubereitet, dann in Flaschen abgefüllt und kühl gelagert, steht die Salatsauce immer griffbereit zur Verfügung. Vor Gebrauch muß sie dann nur noch einmal kräftig durchgeschüttelt werden.

Ein paar klassische Saucen zu Blatt- und Gemüsesalaten möchten wir hier aufführen:

Mit Essig und Öl
1 Teil Essig, 2–3 Teile Öl, Salz und Pfeffer
Eignet sich zu allen Salaten.

Mit Kräutern (s. Bild oben)
1 Teil Essig, 2–3 Teile Öl, Salz, Pfeffer, Schalotten und Kräuter wie Petersilie, Estragon, Schnittlauch und Kerbel
Eignet sich zu allen Salaten ohne Obst.

Mit Senf
1 Teil Essig, 2–3 Teile Öl, französischer Senf, Knoblauch, Salz und Pfeffer
Eignet sich zu Blatt- und Gemüsesalaten.

Mit Joghurt
1 Becher Joghurt, 2 EL Orangensaft, 1 TL Zitronensaft, einige Tropfen Worcestershire-Sauce, 4 EL Öl, Salz und Pfeffer
Eignet sich zu allen Salaten.

Mit Roquefort (s. Bild Mitte)
50 g Roquefort, 3 EL Sahne, 1 EL Chablis (weißer Burgunder), 1 EL Limettensaft, 3–4 EL Öl, Pfeffer
Eignet sich zu Blattsalaten sowie Löwenzahn-, Bleichsellerie- und Tomatensalat.

Mit saurer Sahne und Dill
5 Teile saure Sahne oder Crème fraîche, 1 Teil Zitronen- oder Limettensaft, reichlich geschnittener Dill, Salz und Pfeffer
Eignet sich zu Blatt- und Gemüsesalaten.

Mit Sahne
4 Teile Sahne, 1 Teil Zitronensaft, Salz, Pfeffer oder Edelsüßpaprika
Eignet sich zu Blattsalaten, Salaten mit Obst und Gemüsesalat.

Mit gekochtem Eigelb

2 gekochte Eigelb, je nach Geschmack 1–2 Msp. Sardellenpaste, 1 TL scharfer Senf, 1 TL Essig, 3 EL Öl, 1 EL Sahne und Pfeffer

Eignet sich zu Blatt- und Gemüsesalaten.

Mit Tomaten

2 Teile würzige Mayonnaise, 1 Teil püriertes Tomatenfleisch, etwas geschlagene Sahne, etwas Weinbrand, Pfeffer, Salz und Zucker

Eignet sich zu Blatt- und Gemüsesalaten.

Mit geröstetem Speck

(s. Bild unten)

1 Teil Essig, 2–3 Teile Öl, geröstete Speckstreifchen, Salz und Pfeffer

Eignet sich zu Kopfsalat, Löwenzahn-, Brunnenkresse-, Kraut- und Kartoffelsalat.

Salate, Dips und Brote

Weizenschrotsalat

200 g feiner Weizenschrot (Bulgur)
2–3 Frühlingszwiebeln
2–3 Bund glatte Petersilie
1 Bund Minze
3 Tomaten
2 Zitronen
75 ml Olivenöl
Salz
frisch gemahlener schwarzer Pfeffer
einige kleine Salatblätter
10–12 schwarze Oliven

Weizenschrot mit ½ Liter Wasser übergießen und 15 Minuten stehen lassen. Inzwischen die Frühlingszwiebeln, Kräuter und Tomaten waschen. 2 Tomaten überbrühen, häuten und hacken, die übrige Tomate in Achtel schneiden. Die Frühlingszwiebeln in sehr dünne Ringe schneiden. Die Blättchen der Kräuter abzupfen und hacken. Einige Minzblättchen für die Garnitur zurückbehalten. Die Zitronen auspressen. Weizenschrot in ein Sieb geben, damit die Flüssigkeit ablaufen kann, und gut ausdrücken. Schrot und Zwiebeln verkneten. Gehackte Tomaten, Kräuter, Zitronensaft und Olivenöl hinzugeben und vermischen. Mit Salz und Pfeffer abschmecken. Auf eine mit Salatblättern ausgelegte Platte geben oder in Schüsselchen füllen. Mit Minzblättchen, Tomatenachteln und schwarzen Oliven garnieren.

Im Vorderen Orient zählt dieser Salat, der „Tabbouleh", zu den beliebtesten Vorspeisen. Aber er wird auch als gesunde, schmackhafte Beilage zu vielen verschiedenen Gerichten gereicht. Die Mischung aus Weizenschrot – dort als Bulgur oder auch Burghul bezeichnet – und Kräutern verleiht ihm eine besondere Note und auch etwas Fremdartiges, zumindest in Deutschland. Burghul ist in einschlägigen Spezialgeschäften erhältlich.

Frühlingssalat

Für 4–6 Personen

500 g neue kleine fest kochende Kartoffeln
4 Eier
2 Frühlingszwiebeln
1 Bund Radieschen
1 kleiner weißer Rettich
1 Kohlrabi
1 Päckchen Kresse
1 Kopfsalat
gemischte Kräuter wie Petersilie, Zitronenmelisse, Kerbel, Dill, Schnittlauch
2–3 EL Obstessig
Salz
frisch gemahlener weißer Pfeffer
etwa 7 EL Sonnenblumenöl

Getränkeempfehlung:
Trockener Sekt

Die Kartoffeln waschen und in der Schale je nach Größe etwa 25 bis 40 Minuten kochen. Schälen und abgekühlt in Scheiben schneiden. Die Eier in 8 bis 10 Minuten hart kochen, abschrecken, nach dem Abkühlen pellen und in Spalten teilen. Die Frühlingszwiebeln waschen, trockentupfen und in Ringe schneiden. Die Radieschen putzen, waschen und in Scheiben schneiden. Den Rettich waschen und schälen, den Kohlrabi schälen und beides in Stifte schneiden. Die Kresse waschen und trockentupfen.
Die Blätter des Kopfsalats vorsichtig waschen, trockentupfen und eine große Schüssel damit auslegen. Kartoffeln, Frühlingszwiebeln, Radieschen, Rettich und Kohlrabi darauf verteilen. Die Kräuter waschen, trockentupfen und hacken.
Essig, Salz und Pfeffer verrühren, das Öl nach und nach dazugeben. Die Kräuter hinzufügen und die Sauce über die Salatzutaten gießen. Mit Kresse und Eispalten garnieren.

Dieser Salat sorgt nicht nur für Erfrischung und Gesundheit. Er soll – mehrmals in der Woche gegessen – sogar imstande sein, die gefürchtete Frühjahrsmüdigkeit zu vertreiben. Wichtig ist allerdings, alle Zutaten immer frisch einzukaufen. Blattsalate können im Kühlschrank in einem Frischhaltebehälter oder in angefeuchtetes Papier eingewickelt mehrere Tage aufbewahrt werden. Die Sauce erst kurz vor dem Servieren unter den Salat mischen. So behalten Salatzutaten ihren Biß.

Salat von Limabohnen und Brokkoli

250 g Limabohnen
500 g Brokkoli
Salz
frisch gemahlener schwarzer Pfeffer
abgeriebene Muskatnuß
2–3 Karotten
2 Zwiebeln
1 Stück Sellerieknolle von etwa 50 g
3 EL Olivenöl
1–2 EL Weißweinessig

Die Bohnen in knapp 1½ Liter kaltem Wasser einen Tag einweichen. Am nächsten Tag den Brokkoli waschen. ¼ Liter Wasser zum Kochen bringen. Den Brokkoli hineingeben, salzen, pfeffern und mit Muskatnuß würzen. Etwa 12 Minuten köcheln lassen. Die Karotten waschen, schaben und in dünne Scheiben schneiden. Die Zwiebeln abziehen und würfeln. Den Sellerie waschen, putzen und kleinschneiden. Die Bohnen im Einweichwasser mit Karotten, Sellerie und 1 Zwiebel bei mäßiger Temperatur gut 1 Stunde kochen lassen, je nach Alter der Bohnen. Wenn nötig etwas Kochwasser abschütten, aber normalerweise ist die Flüssigkeit fast verdampft. Nach dem Erkalten die Stiele vom Brokkoli etwas abschneiden und anderweitig verwenden. Die Röschen sowie die restliche Zwiebel zu den Bohnen geben. Olivenöl und Essig darübergießen, mit Salz und Pfeffer abschmecken und etwas durchziehen lassen.

Brokkoli ist eigentlich eine Blüte, die aus fleischigen Stengeln und blaugrünen Blütenröschen besteht. Wie sein Verwandter, der Blumenkohl, stammt er von in Kleinasien wildwachsenden Sorten ab. Schon im 18. Jahrhundert war er in Europa als Bröckelkohl bekannt. Dann geriet er in Vergessenheit und wurde erst in den 50er Jahren unseres Jahrhunderts wieder neu entdeckt.

Matjessalat
Rucola-Rettich-Salat

MATJESSALAT
6 Kartoffeln
1 Stück Ingwer
von 1,5–2 cm
1 rote Zwiebel
1 Orange
1–1½ EL Estragon-Essig
Salz
frisch gemahlener
schwarzer Pfeffer
1 TL Senf
2–3 EL Öl
400 g Matjesfilet

RUCOLA-RETTICH-SALAT
1½ EL Rotweinessig
Salz
frisch gemahlener
schwarzer Pfeffer
4 EL Distelöl
2 Eier
2 Scheiben Weißbrot
1 EL Öl
1 EL Butter
1 Bund Rucola
2 rote Rettiche
1 EL eingelegte Kapern
8 Scheiben roher Schinken
oder 12 Scheiben Bresaola
(hauchdünn geschnittenes, luftgetrocknetes Rindfleisch)

Weinempfehlung:
Pinot grigio

MATJESSALAT

Die Kartoffeln waschen und in der Schale je nach Größe etwa 25 bis 35 Minuten kochen. Erkalten lassen, pellen und in Scheiben schneiden. Den Ingwer putzen, schälen und fein hacken. Die Zwiebel abziehen, durchschneiden und in Halbringe schneiden. Den Saft der Orange auspressen. Essig mit Salz, Pfeffer und Senf verrühren. Öl, Orangensaft und Ingwer hinzufügen und daraus eine Salatsauce bereiten. Die Matjesfilets in große Stücke schneiden und in eine Schüssel geben. Die Kartoffeln hinzufügen und mit der Salatsauce übergießen. Die Zwiebel dazugeben. Einige Stunden durchziehen lassen. Mit Schwarzbrot und einem gut gekühlten hellen Bier servieren.

Die Wurzelknollen der Ingwerpflanze, einer in den Tropen gedeihenden schilfartigen Staude, enthalten ätherische Öle. Für die Asiaten war Ingwer schon immer ein Universalgewürz. Marco Polo war von dessen eigentümlichem, würzig bis scharfem Geschmack so angetan, daß er kandierten Ingwer von seiner China-Reise mit in die Heimat brachte.

RUCOLA-RETTICH-SALAT

Rotweinessig mit Salz und Pfeffer verrühren. Das Distelöl unter Rühren hinzufügen.
Die Eier in 8 bis 10 Minuten hart kochen, abschrecken und in Scheiben schneiden. Das Brot in Würfel schneiden. Das Öl in einer Pfanne erhitzen und die Butter hinzufügen. Die Brotwürfel knusprig braten und salzen. Rucola waschen, putzen und die Blätter in mundgerechte Stücke zupfen. Die Rettiche waschen, schälen und raspeln.
Den Salat auf Tellern anrichten und mit der Sauce übergießen. Croûtons darüberstreuen, mit Eischeiben und Kapern garnieren und mit Schinken oder Bresaola servieren.

Bresaola ist nah verwandt mit dem Bündner Fleisch, das die Bergbauern Graubündens schon seit Jahrhunderten aus den zarten und fettreichen Muskelstücken der Rinderkeule herstellen. Vor dem Trocknen wird es gepreßt und erhält dadurch seine typische kantige Form.

Grüne Bohnen, Tomaten und Käse

350 g frische zarte grüne Bohnen, ersatzweise tiefgekühlte
Salz
frisch gemahlener schwarzer Pfeffer
½ TL getrocknetes Bohnenkraut
250 g Kirschtomaten ersatzweise 3–4 sonnengereifte Tomaten
125 g Fetakäse
2 kleine rote Zwiebeln
1 Knoblauchzehe
1 Zweig Basilikum
1–1½ EL Rotweinessig
4 EL Olivenöl
12–15 schwarze Oliven

Die Bohnen waschen, putzen und eventuell halbieren. Bei kleinen, zarten Böhnchen ist dies nicht nötig. ⅛ Liter Wasser erhitzen und die Bohnen hineingeben. Mit Salz, Pfeffer und Bohnenkraut würzen. Etwa 10 bis 12 Minuten köcheln lassen. Abgießen, das Bohnenwasser aufheben und die Bohnen erkalten lassen. Tiefgekühlte Bohnen brauchen weniger Kochzeit (6 bis 9 Minuten).
Die Kirschtomaten waschen und trockentupfen. Größere Tomaten in Spalten schneiden. Den Fetakäse würfeln. Die Zwiebeln und die Knoblauchzehe abziehen. Den Knoblauch zerdrücken. Die Zwiebeln halbieren. Eine Zwiebel hacken, die andere in Halbringe schneiden. Basilikum waschen, trockentupfen, die Blättchen von den Stielen zupfen und hacken.
Den Rotweinessig mit Salz, Pfeffer und Knoblauch verrühren. Das Öl nach und nach dazugeben. Dann 2 bis 3 Eßlöffel Bohnenwasser, die Zwiebelwürfel und Basilikum hinzufügen.
Bohnen, Tomaten und Fetakäse in eine Glasschüssel füllen. Die Zwiebelringe und Oliven darübergeben und mit der Salatsauce übergießen. Vorsichtig unterheben und 1 Stunde durchziehen lassen. Gekühlt servieren.

In vielen Ländern zählen frische Bohnen zu den meistverzehrten Gemüsesorten. Kurzhülsige, grüne Buschbohnen – jung gepflückt werden sie Prinzeßbohnen genannt – eignen sich für diesen Salat vorzüglich, weil sie zart und fadenfrei sind. Wegen des in allen Bohnen enthaltenen giftigen Eiweißstoffes Phasin dürfen sie nicht roh gegessen werden. Erst durch den Kochvorgang werden die unbekömmlichen Bestandteile abgebaut.

Wildreissalat mit Garnelen

Für 4–6 Personen

Salz
180 g Wildreismischung
4 Selleriestangen
1 Bund Dill
½ unbehandelte Limette
½ Zitrone
125 ml süße Sahne
3 EL Mayonnaise
¼ TL Curry
frisch gemahlener weißer Pfeffer
250 g vorbereitete Garnelen

Getränkeempfehlung:
Rosé-Sekt oder Champagner

In einem Topf ½ Liter Wasser zum Kochen bringen, salzen und den Reis hineinstreuen, einmal umrühren und zugedeckt bei mäßiger Temperatur etwa 18 Minuten köcheln lassen. Das Wasser ist dann verdampft. Den Reis in ein Sieb geben und kurz kalt abbrausen.
Die Selleriestangen waschen und in dünne Scheiben schneiden. Den Dill hacken, etwas für die Garnitur zurückbehalten. Die Limette waschen, trockentupfen, die Schale abreiben. Den Saft von Limette und Zitrone auspressen. Die Sahne steif schlagen. Mayonnaise, 1 bis 2 Eßlöffel Zitronensaft, Curry, Limettenschale und Limettensaft miteinander verrühren. Die Sahne unterziehen und mit Salz und Pfeffer würzen. Alle Zutaten miteinander vermischen und in eine Schüssel füllen. Mit einigen zurückbehaltenen Garnelen und Dillzweigen garnieren.

An den Flußläufen und Seeufern Kanadas wächst eine Wassergetreideart, die den Namen „Wildreis“ oder auch „Indianerreis“ bekommen hat, obwohl es sich eigentlich nicht um Reis handelt. Während der Reifezeit ernten ihn die Indianer vom Kanu aus. Dabei werden die Rispen über die Bordwand gebogen und die Körner mit Stöcken herausgeschlagen. Das ist eine mühsame Arbeit. Eine Kanuladung ist oft der Tagesertrag einer ganzen Familie. In geringem Maß wird Wildreis exportiert. Für den tieferen Griff ins Portemonnaie entschädigt der feine, kernige Nußgeschmack.

Blutorangensalat
Löwenzahnsalat

BLUTORANGENSALAT
4 Blutorangen
1 kleine weiße Zwiebel
1 junge, zarte Fenchelknolle
1 EL Zitronensaft
Salz
frisch gemahlener schwarzer Pfeffer
4 EL Olivenöl
20 kleine schwarze Oliven

LÖWENZAHNSALAT
4 Eier
½ unbehandelte Limette
40 g Roquefort
4 EL Sahne
2–3 EL Dickmilch
1–2 EL weißer Burgunder
3 EL Sonnenblumenöl
frisch gemahlener schwarzer Pfeffer
wenig Salz
250 g Löwenzahn

Weinempfehlung:
Weißer Burgunder

BLUTORANGENSALAT
Die Blutorangen rundum so dick schälen, daß die weiße Haut mit entfernt wird, dann in Scheiben schneiden. Den Saft auffangen. Die Zwiebel abziehen und in sehr dünne Ringe schneiden. Die Fenchelknolle waschen, trockentupfen und ebenfalls in sehr feine Ringe schneiden. Das Fenchelgrün kleinschneiden und für die Garnitur aufbewahren. Zitronensaft mit aufgefangenem Blutorangensaft sowie Salz und Pfeffer verrühren. Das Olivenöl hinzufügen.
In einer tiefen Schale oder auf Portionstellern die Blutorangenscheiben mit Zwiebel- und Fenchelringen arrangieren. Die Oliven und das Fenchelgrün darauf verteilen und mit der Sauce übergießen.

Auf Sizilien an der Straße von Messina gedeihen am Fuß des Ätna Zitrusfrüchte, vor allem Orangen. „Insalata di arance“ ist dort eine der beliebtesten Vorspeisen.

LÖWENZAHNSALAT
Die Eier hart kochen, dann abschrecken und schälen. Etwas Schale der Limette abreiben und den Saft auspressen. Roquefort, Sahne, Dickmilch und weißen Burgunder verrühren. Schale und Saft der Limette sowie das Öl hinzufügen. Mit Pfeffer und wenig Salz abschmecken. Den Löwenzahn waschen, trockentupfen und in mundgerechte Stücke teilen. Auf Salattellern gefällig anrichten. Die Eier in Spalten teilen und den Salat damit garnieren. Mit der Roquefortsauce übergießen. Vollkorntoast dazu reichen.

Die Heilwirkung von Wildkräutern war schon im Altertum bekannt, auch wenn wir erst heute um die enthaltenen Vitamine und Mineralstoffe wissen. Löwenzahn ist reich damit ausgestattet. In Frankreich wird er eigens angebaut, so daß er dort für eine längere Zeit zur Verfügung steht. Wilder Löwenzahn schmeckt aber immer noch am aromatischsten.

Blattsalate mit Forelle und Meerrettichsahne

Bunte Salate sind gesund und erfrischend zugleich. Die Variationsmöglichkeiten sind so groß, daß es leicht fällt, für jeden Tag des Jahres eine neue Kombination zu kreieren. An klassischen Salatpflanzen und Kräutern der jeweiligen Jahreszeit besteht im allgemeinen ja kein Mangel. Und mit entsprechenden Zugaben kann ein Salat zu einem erlesenen Gaumenvergnügen werden.

1 Schalotte
1 Knoblauchzehe
2 EL Weißweinessig
Salz
frisch gemahlener schwarzer Pfeffer
5 EL Distelöl
einige Blätter Romana-Salat
1 kleiner Kopf Eichblattsalat
100 g Feldsalat
150 ml süße Sahne
½–1 EL Meerrettich aus dem Glas
4 geräucherte Forellenfilets

Weinempfehlung:
Riesling aus dem Rheingau

Die Schalotte und die Knoblauchzehe abziehen. Die Schalotte fein würfeln und die Knoblauchzehe zerdrücken. Mit Essig, Salz und Pfeffer verrühren. Das Öl nach und nach dazugeben.
Die Salate putzen, gut waschen, trockentupfen und in mundgerechte Stücke zupfen. Den Salat vorsichtig mit der Sauce vermischen und auf 4 Teller verteilen. Die Sahne halbsteif schlagen und den Meerrettich unterziehen. Die Forellenfilets dazulegen und mit der Meerrettichsahne garnieren.

Spitzkohlsalat
Krautsalat mit Äpfeln

SPITZKOHLSALAT
Für etwa 6 Personen

800 g kleine, festkochende neue Kartoffeln
800 g Spitzkohl
Salz
1 Zwiebel
150 g magerer geräucherter Bauchspeck
4 EL Sonnenblumenöl
2–3 EL Weißweinessig
1/8 Liter Fleischbrühe
frisch gemahlener schwarzer Pfeffer
1/2 TL Kümmel
1/2 Bund glatte Petersilie

KRAUTSALAT MIT ÄPFELN
2 kleine Äpfel
1 EL Zitronensaft
1 kleine Zwiebel
1 EL geriebener Meerrettich
1 EL Apfelmus
100 g Mayonnaise
400 g Sauerkraut

Getränkeempfehlung:
Eisgekühlter Wodka

SPITZKOHLSALAT
Die Kartoffeln waschen und in der Schale je nach Größe in etwa 25 Minuten weich kochen, pellen und erkaltet in Scheiben schneiden. Den Spitzkohl von den äußeren Blättern befreien, den Strunk abschneiden und den Kohl vierteln. 3/4 Liter Wasser zum Kochen bringen, salzen und den Kohl 3 bis 4 Minuten blanchieren. Nach dem Herausnehmen den Kohl in Streifen schneiden. Die Zwiebel abziehen und hacken. Den Bauchspeck würfeln und mit der Zwiebel in dem Öl in einer Pfanne leicht braten. Mit Essig und Fleischbrühe ablöschen. Vorsichtig salzen, pfeffern und den Kümmel dazugeben. Kartoffeln und Kohl mit dem Pfanneninhalt übergießen. Die Petersilie hacken und unterziehen. Lauwarm oder kalt servieren.

Spitzkohl eignet sich besonders gut für diesen Salat, weil er im Gegensatz zu anderen Kohlarten wesentlich lockerer ist und eine zartere Blattstruktur besitzt. Er wird vom Frühjahr bis zum Spätherbst aus heimischem Anbau auf den Markt gebracht.

KRAUTSALAT MIT ÄPFELN
Die Äpfel entkernen und ungeschält in dünne Scheiben schneiden. Mit Zitronensaft benetzen, um ein Braunwerden zu verhindern.
Die Zwiebel reiben und mit Meerrettich, Apfelmus und Mayonnaise vermischen. Unter das Sauerkraut geben und mit Apfelspalten garnieren.

Vor allem in Europa weiß man das Krautgemüse zu schätzen, besonders wenn es sauer eingemacht wird. Schon zur Römerzeit war diese Art des Konservierens bekannt, und ohne einen soliden Vorrat an Sauerkrautfässern wären Cooks Entdeckungsfahrten zum Scheitern verurteilt gewesen. So aber hatten Mangelkrankheiten wie Skorbut keine Chance. Heute weiß man noch mehr über die gesunderhaltende Wirkung des Sauerkrauts. Der Gehalt an Vitamin C und vielen wichtigen Mineralstoffen ist enorm. Die reichlich enthaltene Milchsäure bringt den Stoffwechsel in Schwung. Dabei müssen beim Genuß von Sauerkraut nur wenig Kalorien verbucht werden.

Avocado-Variationen

AVOCADOS MIT NORDSEEKRABBEN
1 Zitrone
Salz
frisch gemahlener weißer Pfeffer
3 EL Olivenöl
200 g Nordseekrabben
1 Bund Dill
4 Scheiben Baguette
2 reife Avocados
4 Salatblätter

Weinempfehlung:
Trockener Riesling von der Mosel

AVOCADOS MIT ALFALFASPROSSEN
1 Bund Radieschen
100 g Alfalfasprossen
1 Zweig Basilikum
1 Zweig glatte Petersilie
½ Bund Schnittlauch
½–1 Zitrone, je nach Größe und Ergiebigkeit
Salz
frisch gemahlener schwarzer Pfeffer
5 EL Olivenöl
2 EL Joghurt natur
2 Avocados

AVOCADOS MIT NORDSEEKRABBEN

Den Saft der Zitrone auspressen und mit Salz, Pfeffer und Olivenöl verrühren. Die Krabben damit übergießen und ½ bis 1 Stunde kühlen, möglichst nicht im Kühlschrank.
Den Dill waschen, trockentupfen, hacken und zufügen. Das Brot im vorgeheizten Backofen rösten. Die Avocados schälen, halbieren, den Kern herausnehmen und die Krabben in die Vertiefung füllen. Vier bereitstehende Teller mit einem Salatblatt auslegen. Die Avocadohälften daraufsetzen und sofort mit dem Brot servieren.

Erstaunlich, was dieses doch recht schlicht wirkende Rezept an Geschmackserlebnis in sich birgt, und wie gut sich das Ergebnis auf dem gedeckten Tisch ausnimmt.

AVOCADOS MIT ALFALFASPROSSEN

Radieschen, Sprossen und Kräuter waschen und trockentupfen. Die Kräuter hacken. Den Schnittlauch in Röllchen schneiden. Den Saft der Zitrone auspressen. Zitronensaft mit Salz und Pfeffer verrühren. Das Öl nach und nach hinzufügen, dann den Joghurt und die Kräuter unterrühren. Die Avocados schälen, halbieren, den Kern entfernen und die Avocadohälften längs in Spalten schneiden. Diese fächerförmig auf 4 Tellern anrichten. Die Radieschen in Scheiben schneiden und darübergeben. Die Alfalfasprossen dekorativ dazulegen. Mit der Salatsauce übergießen und sofort servieren.

Alfalfa bedeutet im Arabischen soviel wie „gute Nahrung“. Alfalfasamen enthalten einen Giftstoff, der jedoch nach etwa sechs bis sieben Tagen, wenn die ersten grünen Blättchen sichtbar werden, abgebaut ist. Man sollte daher diese Zeit abwarten.

Mungobohnen mit Ente
Mungobohnendip

MUNGOBOHNEN MIT ENTE
200 g getrocknete Mungobohnen
15 asiatische Knoblauchblüten
4–5 Zweige Minze
1 Zitronenblatt
1 unbehandelte Limette
Salz
frisch gemahlener schwarzer Pfeffer
4–5 EL Erdnußöl
250 g gegrilltes oder gebratenes Entenfleisch

Weinempfehlung:
Pinot noir

MUNGOBOHNENDIP
Für 2 Personen

4 Zweige Minze
1–2 Knoblauchzehen
restliche gekochte Mungobohnen aus nebenstehendem Rezept
6 EL cremiger Naturjoghurt
Salz
frisch gemahlener schwarzer Pfeffer
2 Msp. Cayennepfeffer
½ TL Kreuzkümmel
2 Msp. gemahlener Koriander

MUNGOBOHNEN MIT ENTE
Die Mungobohnen waschen und über Nacht in ¾ Liter Wasser einweichen. Am nächsten Tag im Einweichwasser aufsetzen und je nach Alter die Bohnen in 35 bis 50 Minuten bei mäßiger Temperatur weich kochen. Das Wasser sollte verdampft sein. Die Hälfte der Bohnen beiseite stellen.
Die Knoblauchblüten und die Minzblätter waschen und trockentupfen. Die Knoblauchblüten in Röllchen schneiden und die Minzblättchen hacken. Einige für die Garnitur zurückbehalten. Das Zitronenblatt in dünne Streifen schneiden. Diese noch einmal halbieren. Die Limette waschen, trockentupfen und etwas Schale abreiben. Den Saft der Limette auspressen. Limettensaft und -schale mit Salz und Pfeffer verrühren und das Öl hinzufügen. Das Entenfleisch in Streifen schneiden. Mungobohnen, Knoblauchblüten, Zitronenblatt und Minzblätter vorsichtig miteinander vermischen und mit der Sauce übergießen. Einige Stunden durchziehen lassen.
Mit dem Entenfleisch anrichten und mit Minzblättchen garniert servieren.

MUNGOBOHNENDIP
Die Minzblätter waschen, trockentupfen und die Blättchen von den Stielen zupfen. Einige für die Garnitur zurückbehalten. Die Knoblauchzehen abziehen und zerdrücken. Mungobohnen, Minze, Knoblauch und Joghurt in einer Schüssel pürieren oder in den Mixer geben. Mit Salz, Pfeffer, Cayennepfeffer, Kreuzkümmel und Koriander gut abschmecken. Mit Minzblättchen garniert servieren.
Mit Garnelen, gebratenem oder gegrilltem Fleisch und ein oder zwei anderen Dips ist dies ein vollwertiges und zeitsparendes kleines Gericht.

Grüsse aus der Ferne

KAROTTEN UND SELLERIE IN KOKOSCREME
Mayonnaise, Curry und Kokosnußmilch verrühren, mit Salz und Pfeffer abschmecken. Den Saft der Zitrone auspressen.
Die Karotten und den Sellerie waschen. Die Karotten schaben, den Sellerie schälen und beides raspeln. Auf Tellern anrichten und mit Zitronensaft beträufeln. Die Kokosnußcreme darübergießen und, mit Korianderblättchen garniert, servieren.

INDISCHE FLADEN
100 g Weizenmehl
50 g Weizenvollkornschrot
75 g Roggenmehl
Salz
Öl zum Ausbacken

KAROTTEN UND SELLERIE IN KOKOSCREME
4 EL Mayonnaise
2–3 Msp. Madras-Curry
4 EL Kokosnußmilch aus der Dose
Salz
frisch gemahlener schwarzer Pfeffer
½ Zitrone
3–4 Karotten
½ kleine Sellerieknolle
2–3 Zweige frischer Koriander

INDISCHE FLADEN
Die drei Mehlsorten in einer Schüssel mischen, Salz und etwa 150 ml Wasser hinzufügen und verkneten, so daß ein geschmeidiger Teig entsteht. Abgedeckt etwas ruhen lassen und nochmals durchkneten. Kleine Bällchen abnehmen und auf einer bemehlten Fläche hauchdünne Fladen von etwa 22 bis 25 cm ausrollen. Das Öl möglichst in einer gußeisernen Pfanne erhitzen und die Fladen darin beidseitig etwa 3 Minuten backen.

Für die Bewohner Südostasiens sind Kokospalmen überlebenswichtig. Sie liefern Brennholz, Material für die Bedachung der Häuser, Fasern zum Flechten von Matten und mit dem Kokosnußwasser ein erfrischendes Getränk. Aus dem weißen, fetthaltigen Fruchtfleisch wird Kokosnußmilch, eine wertvolle Zutat für viele Speisen, hergestellt.
Für Ungeübte ist das Öffnen und Verarbeiten einer Kokosnuß etwas mühsam. Daher greift man im vorliegenden Fall auch besser auf eine kleine Dose zurück.

Gebratenes Brot

250 g Weißbrot, möglichst altbackenes
¼ Liter warme Brühe
⅛ Liter Wein
2 Knoblauchzehen
2 Frühlingszwiebeln
½ Bund glatte Petersilie
100 g Schinkenspeck
6 EL Olivenöl
Salz
frisch gemahlener schwarzer Pfeffer
Paprikapulver

Weinempfehlung:
Roter Landwein aus Spanien

Das Weißbrot kleinschneiden und mit der erwärmten Brühe und dem Wein übergießen. Für einige Stunden – besser noch über Nacht – abgedeckt stehen lassen. Die Knoblauchzehen abziehen und zerdrücken. Die Frühlingszwiebeln und die Petersilie waschen und trockentupfen. Die Frühlingszwiebeln in schmale Ringe schneiden und die Petersilie hacken. Den Schinkenspeck würfeln. Das Olivenöl erhitzen und das Brot mit Schinkenspeck und Knoblauch unter stetem Rühren 10 bis 12 Minuten braten, bis es etwas gebräunt ist. Die Frühlingszwiebeln dazugeben und noch kurz mitbraten. Mit Salz, Pfeffer und Paprikapulver abschmecken. Die Petersilie darüberstreuen und servieren.

Tapas und Sherry gehören in Spanien so unweigerlich zusammen wie ein „halver Hahn“ zum Kölsch oder die Laugenbrezel zum bayrischen Bier.
Die Palette der Tapas ist unübersehbar. In keiner Tapas-Bar wird das wohl recht einfach herzustellende, aber dennoch originelle „migas de pan“ fehlen. Ursprünglich war es ein typisch andalusisches Resteessen. Dazu wurde altes Brot nur mit Wasser übergossen, über Nacht in ein feuchtes Tuch eingeschlagen und am nächsten Tag gebraten.

1990
Vinicola, S.A.
SPAIN 75cl e

Drei Appetithappen vom Smörgåsbord

Mit Graubrot:
1 große Scheibe Graubrot
10–15 g Butter
2 Scheiben Leberpastete
2 Cornichons
Schnitzel von eingelegten roten Paprikaschoten oder Weintrauben

Mit Weißbrot:
2 kleine Scheiben Weißbrot, möglichst in quadratischer Form
2 Eier
2–3 EL Mayonnaise
2–3 TL Joghurt
½ TL Zitronensaft
½ TL Tomatenmark
½ TL Cognac
Salz
Pfeffer
Worcestershiresauce
2 kleine Salatblätter
10 g Butter
etwa 80 g kleine Garnelen
2 Dillzweige

Mit Schwarzbrot:
2 kleine Scheiben Schwarzbrot
10–15 g Butter
knapp ⅛ Liter Sahne
Salz
½–1 EL geriebener Meerrettich
4 Scheiben geräucherter Lachs
2 TL Kaviar
etwas Kresse für die Garnitur

Das Graubrot in gleichmäßig kleine Dreiecke teilen, mit Butter bestreichen und mit Leberpastete belegen. Mit Scheiben von Cornichons und Paprikaschnitzeln oder mit halbierten und entkernten Weintrauben garnieren.
Die Weißbrotscheiben diagonal durchschneiden. Die Eier in 8 bis 10 Minuten hart kochen, abschrecken, pellen und vierteln oder achteln. Die Mayonnaise mit Joghurt, Zitronensaft, Tomatenmark, Cognac, Salz, Pfeffer und Worcestershiresauce abschmecken. Die Salatblätter halbieren. Das Brot dünn mit Butter bestreichen und mit einem halben Salatblatt belegen. Darauf die Garnelen geben. Mit Eispalten, Mayonnaise und Dill garnieren.
Die Schwarzbrotscheiben möglichst rund ausstechen und buttern. Die Sahne mit Salz steifschlagen und den Meerrettich unterziehen. Den Lachs zu Tütchen formen und auf die Brotscheiben geben. Mit Sahnemeerrettich und Kaviar garnieren. Nach Belieben die Kresse dazulegen.

Die kleinste Form eines schwedischen Smörgåsbord sind die appetitanregenden „smörgåsar". Diese mit den köstlichsten Zutaten belegten Brotscheiben können auch zu einer mehr oder weniger großen Mittagseinladung als Vorspeise angeboten werden. Jede Hausfrau setzt ihren ganzen Stolz daran, dem Gast eine phantasievolle Komposition zu präsentieren. Eine Auswahl beliebter Kleinigkeiten stelle ich Ihnen hier vor.

Knabbern und Dippen

SCHWEDISCHE SALZSTANGEN
200 g Mehl
15 g Hefe
½ TL Zucker
5 EL warme Milch
25 g Butter
etwa 3 EL Dickmilch
1 Ei
Salz
Butter zum Einfetten des Blechs
Milch zum Bestreichen des Gebäcks
grobes Meersalz

FORELLENDIP
1 Schalotte
2 TL eingelegte grüne Pfefferkörner
200 g gegartes Forellenfilet, ersatzweise ein anderer Fisch
3 EL Mayonnaise
3 EL Kräuter-Crème-fraîche
1 EL Meerrettich
Salz
etwa 1 EL Zitronensaft

SCHWEDISCHE SALZSTANGEN
Das Mehl in eine Schüssel sieben, in die Mitte eine Vertiefung drücken. Die Hefe hineinbröckeln und den Zucker hinzufügen. Die warme Milch hineingießen und mit der Hefe verrühren. Etwas Mehl darüberstäuben und, mit einem Küchentuch bedeckt, 15 bis 20 Minuten an einem warmen Ort gehen lassen. Die weiche Butter, Dickmilch, Ei und Salz zugeben und zu einem geschmeidigen Teig verkneten. Nochmals abgedeckt 20 Minuten gehen lassen, bis sich das Volumen verdoppelt hat.
Den Teig in 25 tischtennisballgroße Stücke teilen und zu dünnen Rollen formen. Jede Rolle in der Mitte biegen und die beiden Enden umeinander schlingen. Auf ein mit Butter ausgestrichenes Blech geben, mit Milch bestreichen und mit grobem Meersalz bestreuen. Nochmals 15 Minuten gehen lassen. Für 20 bis 25 Minuten in den auf 190 °C vorgeheizten Backofen stellen.

FORELLENDIP
Die Schalotte abziehen und sehr fein würfeln. Die Pfefferkörner hacken. Forellenfilet, Mayonnaise, Kräuter-Crème-fraîche, Meerrettich und Pfefferkörner kurz mit dem Schneidstab oder im Mixer pürieren. Die Schalotten unterziehen. Mit Salz und Zitronensaft abschmecken. In ein Schälchen füllen und mit Brot, Kräcker oder auch den Schwedischen Salzstangen servieren.

Nach der kurzen Sommer- und Reifezeit ging es in Skandinavien seit jeher darum, die geernteten Produkte haltbar zu machen. Aber auch Brot wird dort seit langem auf Vorrat hergestellt. Dazu wurden Teigfladen sehr dünn ausgerollt und kurz bei hoher Temperatur gebacken. Sodann wurden sie, als runde oder eckige Scheiben oder auch als Stangen, in luftigen Vorratskammern getrocknet und dann oft mehrere Monate lang gelagert. Knusprig und gesalzen schmecken sie am besten, besonders zu einem pikanten Dip.

Griechische Klassiker

FISCHROGENPASTE
3 Scheiben Weißbrot ohne Rinde
1 Zwiebel
60 g Fischrogen (Taramas)
70–80 ml Olivenöl
1 Zitrone
1 Zweig glatte Petersilie

KARTOFFEL-KNOBLAUCH-PASTE
4 mehlig kochende Kartoffeln
4 Knoblauchzehen
4 EL gemahlene Mandeln
4 EL Olivenöl
4 EL Joghurt natur
4 TL Weißweinessig
Salz
frisch gemahlener schwarzer Pfeffer

FISCHROGENPASTE

Das Brot in Wasser einweichen und ausdrücken. Die Zwiebel abziehen und würfeln. Den Rogen, wenn nötig, wässern. Fischrogen, Brot und Zwiebel im Mixer pürieren. Das Olivenöl unter Rühren hinzufügen. Eine Hälfte der Zitrone in Scheiben schneiden, die andere auspressen. Mit Zitronensaft abschmecken, gut kühlen und, mit Petersilie und Zitronenscheiben garniert, servieren.

Die „taramosaláta" gehört in Griechenland mit zu den beliebtesten Mezédes, kurz Meze genannt. Diese Delikatesse wird aus dem Rogen vorzugsweise von Meeräschen, Karpfen, aber auch Seebarben hergestellt. Taramas wird in griechischen Spezialgeschäften angeboten. Dazu reicht man frisches Weißbrot, knackige Radieschen, Gurkenstücke oder Bleichselleriestangen.

KARTOFFEL-KNOBLAUCH-PASTE

Die Kartoffeln waschen, ungeschält in 35 bis 40 Minuten weich kochen, pellen und durch die Kartoffelpresse drücken. Die Knoblauchzehen schälen und zerdrücken. Kartoffeln, Knoblauch und Mandeln mit Olivenöl verrühren und den Joghurt dazugeben. Mit Essig, Salz und Pfeffer abschmecken.

In Griechenland fällt diese leckere Sauce, die „skordalia", im allgemeinen sehr viel gehaltvoller aus. Diese abgewandelte Version gab es bei Freunden zu gegrilltem Gemüse als Vorspeise. Die Beigabe von Kartoffeln und Joghurt macht sie etwas leichter und milder.

Anchovispaste
Bruschetta

ANCHOVISPASTE
15 in Salz eingelegte Anchovisfilets (Sardellenfilets)
4 Knoblauchzehen
3 Schalotten
1 Bund glatte Petersilie
2 Zweige Basilikum
1 Msp. getrockneter Thymian
1 EL Zitronensaft
1 EL Rotweinessig
120 ml sehr gutes Olivenöl
frisch gemahlener schwarzer Pfeffer
1 kleines Baguette
einige kleine Friséeblättchen

BRUSCHETTA
4 große Scheiben Weißbrot
1 sonnengereifte Tomate
2 Knoblauchzehen
Salz
4 EL Olivenöl

Tip:
Mit einer dünnen Schicht Olivenöl abgedeckt, kann die Anchovispaste in einem verschließbaren Glas gut einige Wochen lang aufbewahrt werden.

ANCHOVISPASTE
Die Anchovisfilets abspülen und trockentupfen. Die Knoblauchzehen und die Schalotten abziehen. Die Schalotten grob zerteilen. Den Knoblauch zerdrücken. Petersilie und Basilikum waschen, trockentupfen und die Blättchen von den Stielen streifen. Anchovisfilets, Knoblauch, Schalotten, Petersilie, Basilikum, Thymian, Zitronensaft und Rotweinessig mit etwas Öl in den Mixer geben und pürieren. Das restliche Öl unter Rühren zugießen. Wenig pfeffern.
Das Baguette in Scheiben schneiden, rösten und mit der Anchovispaste bestreichen. Mit einigen kleinen Friséeblättchen garniert auf einer Platte anrichten. Oder die Paste als Dip zu rohem Gemüse reichen.

Knoblauch und Kräuter sind die Seele der provenzalischen Küche. Wer viel Knoblauch ißt, lebt länger, zumindest aber gesünder. Die Verbindung mit den kleinen Sardellen und die Begleitung durch einen köstlichen provenzalischen Rosé – gut gekühlt, versteht sich – überzeugt den Gaumen auch ganz ohne gesundheitspolitische Erwägungen.

BRUSCHETTA
Das Brot bei 190 °C in den vorgeheizten Backofen geben und goldgelb rösten. Die Tomate halbieren. Die Knoblauchzehen schälen, die Brotscheiben mit den Knoblauchzehen einreiben. Mit den Tomatenhälften darüberstreichen und salzen. Jede Scheibe mit Olivenöl beträufeln und sofort servieren.

In der Toskana habe ich mehrere herzhafte ländliche Brote kennengelernt, die man als Imbiß oder als Vorspeise genießen kann. Sie werden nach altüberlieferten Rezepten hergestellt. Am bekanntesten ist wohl diese „bruschetta“ – und dabei ebenso einfach wie köstlich. Aber die Zutaten müssen von bester Qualität sein.

Feigen-Creme
Auberginen-Chutney

FEIGEN-CREME
4 Eier
4 frische Feigen
6 in Öl eingelegte Sardellenfilets
2 EL Kapern
4 EL gemahlene Mandeln
3–4 EL Olivenöl
1 unbehandelte Zitrone
Salz
frisch gemahlener schwarzer Pfeffer
8 Scheiben vom Baguette
nach Belieben 1 Knoblauchzehe

Weinempfehlung:
Pinot grigio aus Venetien oder del Veneto

AUBERGINEN-CHUTNEY
2 Auberginen
1 Zwiebel
1 Knoblauchzehe
1 Stück Ingwer von etwa 2 cm
1 kleine rote Chilischote
½ Bund glatte Petersilie
½ Zitrone
6–7 EL Olivenöl
1 EL Tomatenmark
5 EL Brühe oder Wasser
Salz
frisch gemahlener schwarzer Pfeffer
Zitronensaft
1 Msp. Kreuzkümmel

FEIGEN-CREME
Die Eier in 8 bis 10 Minuten hart kochen, abschrecken, schälen, halbieren und die Eidotter herauslösen. Die Feigen waschen, trockentupfen und wenn nötig schälen. Eigelb, 2 Feigen, Sardellenfilets, Kapern, Mandeln und Olivenöl im Mixer pürieren. Die Zitrone waschen, trockentupfen und die Schale abreiben. Den Saft auspressen. Das Püree mit wenig Salz, Pfeffer, Zitronenschale und eventuell etwas Zitronensaft abschmecken.
Die Baguettescheiben toasten. Nach Belieben mit einer Knoblauchzehe einreiben und mit der Paste bestreichen. Mit den restlichen Feigen garniert auf Tellern dekorativ anrichten.

In den Mittelmeerländern gehören die Früchte des Feigenbaumes genauso wie Brot, Käse, Zwiebeln, Weintrauben, Olivenöl und Honig seit eh und je zu den Grundnahrungsmitteln. So wird auch in der Bibel der Baum wiederholt erwähnt. Vielfältige Speisen bereitet man bis auf den heutigen Tag aus Feigen. Dazu zählen Feigenbrot, Kompotte, Chutneys, Marmeladen, Sirup oder Pasten.

AUBERGINEN-CHUTNEY
Die Auberginen waschen, trockentupfen, den Blütenansatz entfernen und in Scheiben schneiden. Die Zwiebel und die Knoblauchzehe abziehen. Die Zwiebel fein würfeln und die Knoblauchzehe zerdrücken. Den Ingwer schälen und hacken. Die Chilischote und die Petersilie waschen und trockentupfen. Die Chilischote aufschneiden, entkernen und kleinschneiden, die Petersilienblättchen von den Stielen zupfen und hacken. Die Zitrone auspressen.
Das Öl in einer großen Pfanne erhitzen und die Auberginen darin beidseitig anbraten. Die Zwiebeln hinzufügen und einige Minuten weiterbraten. Dann das Tomatenmark hineingeben. Die Auberginen, wenn sie weich sind, herausnehmen, und den Bratfond mit Brühe oder Wasser ablöschen. Alle Zutaten in einem Mörser zerstampfen oder mit dem Schneidstab des Handmixers pürieren. Mit Salz, Pfeffer, Zitronensaft und wenig Kreuzkümmel abschmecken.

Fladenbrot mit Schinken und Salbei

200 g Weizenmehl, Type 405
150 g Vollkornweizenmehl
35 g Hefe
1 TL Zucker
gut 1/8 Liter warmes Wasser
125 g roher Schinken
2–3 Zweige Salbei
4 EL Olivenöl
Salz
frisch gemahlener schwarzer Pfeffer
Butter für das Blech
grobes Meersalz

Das Mehl mischen und in eine Schüssel geben. In die Mitte eine Vertiefung drücken. Die Hefe hineinbröckeln und mit dem Zucker bestreuen. Die Hälfte des Wassers daraufgießen und mit der Hefe verrühren. Wenig Mehl darüberstreuen und, mit einem Küchentuch bedeckt, 15 bis 20 Minuten an einem warmen Ort gehen lassen.
Den Schinken würfeln, den Salbei waschen, trockentupfen, die Blätter von den Stielen zupfen und hacken. Das restliche warme Wasser, Olivenöl, Salz, Pfeffer hinzufügen und gut durchkneten. Schinken und Salbei hineinarbeiten und abgedeckt mindestens 30 Minuten gehen lassen.
Ein Backblech mit Butter ausstreichen und den Teig ausrollen. Auf das Blech geben, gitterartig einritzen, mit grobem Salz bestreuen und nochmals 15 bis 20 Minuten gehen lassen. Für etwa 20 Minuten in den auf 210 bis 220 °C vorgeheizten Backofen geben. Warm schmeckt das Fladenbrot am besten.

Die vielen geschichtsträchtigen Städte, die Reichtum und Macht vergangener Zeiten widerspiegeln, das ist die eine Seite der Toskana. Sanfte Hügel, silbrigglänzende Olivenbäume, Weinstöcke und von Zypressen bewachte malerische Bauernhöfe stehen für die andere Seite dieser alten Kulturlandschaft. Ihre Küche ist von einer gediegenen Einfachheit. Verarbeitet werden Produkte, die das Land hervorbringt wie Öl, Gemüse, Wild, Fleisch, Getreide und Wein, wobei stets auf beste Qualität geachtet wird.
Natürlich steht in der Toskana auch Pasta auf dem häuslichen Speiseplan, jedoch muß sie sich, anders als in anderen italienischen Regionen, ihren Platz auf den Speisezetteln mit den verschiedensten Gerichten aus dem herzhaften Landbrot teilen. Es ist erstaunlich, was Hausfrauen selbst noch aus Brotresten zaubern. Besonders gut hat mir dieses Fladenbrot geschmeckt, das mir in einer Trattoria mit Oliven zu einem Glas Chianti serviert wurde.

Vorspeisen mit Gemüse, Eiern und Käse

GEBRATENE AUBERGINEN MIT KNOBLAUCHSAUCE

Für 4–6 Personen

Für die Knoblauchsauce:
3–4 Knoblauchzehen
½ unbehandelte Zitrone
50 g Feta
150 g Joghurt natur
2 EL Mayonnaise
30 g gemahlene Mandeln
Salz
frisch gemahlener schwarzer Pfeffer

2 kleine Auberginen (insgesamt etwa 250 g)
½ Bund Koriander
2 Schalotten
etwa 10 EL Olivenöl
Salz
frisch gemahlener schwarzer Pfeffer

Tip:
Die Knoblauchsauce paßt auch ausgezeichnet zu fritierten Zucchini oder Tomaten sowie Avocadoscheiben.

Weinempfehlung:
Junger, fruchtiger Chianti

Für die Knoblauchsauce die Knoblauchzehen abziehen und zerdrücken. Etwas Zitronenschale abreiben und den Saft auspressen. Feta zerdrücken und mit Joghurt, Mayonnaise, Mandeln und Knoblauch verrühren. Mit Salz, Pfeffer, Zitronensaft und Zitronenschale abschmecken.
Die Auberginen waschen, trockentupfen, den Stielansatz entfernen und in ½ cm dicke Scheiben schneiden. Den Koriander waschen, trockentupfen, die Blättchen von den Stielen zupfen und hacken. Einige für die Garnitur zurückbehalten. Die Schalotten abziehen und fein würfeln. Das Olivenöl in einer großen Pfanne erhitzen und die Auberginenscheiben einige Minuten beidseitig braten. Salzen und pfeffern, dann herausnehmen und auf Küchenpapier abtropfen lassen. Die Auberginenscheiben auf einer Platte anrichten, mit Koriander und Schalottenwürfeln bestreuen, mit einigen ganzen Blättchen garnieren und die Knoblauchsauce dazu reichen. Die Auberginenscheiben schmecken warm oder kalt.

Viele Vitamine, wenig Kalorien und ein zarter Geschmack – es ist kein Wunder, daß Auberginen immer beliebter werden. Sie werden fast das ganze Jahr über angeboten. Die Reife der Früchte kann man daran erkennen, daß die Schale auf leichten Fingerdruck eine Delle zeigt.
Auberginen lassen sich vielfältig kombinieren. Gute Partner sind Paprika, Zucchini, Pilze, Zwiebeln, Tomaten und Kartoffeln, aber auch verschiedene Käsesorten. Man darf ruhig etwas mehr würzen, zum Beispiel mit Pfeffer, Knoblauch, Kräutern, Sojasauce und Zitronensaft. Damit die Vitamine erhalten bleiben, werden Auberginen nicht geschält. Dünsten, kochen, schmoren, braten, grillen, backen, in Scheiben oder püriert, warm oder kalt, alles ist erlaubt, nur roh sollte man sie nicht essen.

Tomatenquiche

Für etwa 10 Personen

200 g Mehl
20 g Hefe
1 Ei
3 EL Crème fraîche
80 g Butter
Salz
5 Tomaten
125 g Emmentaler-Scheibletten
6 in Öl eingelegte Sardellenfilets
Butter für die Form
1 EL Olivenöl
frisch gemahlener schwarzer Pfeffer
1 TL getrockneter Oregano
½–1 TL getrockneter Thymian
1 Eigelb
1 EL Milch

Weinempfehlung:
Rosé de Provence

Das Mehl auf die Arbeitsfläche sieben und in die Mitte eine Mulde drücken. Die Hefe hineinbröckeln. Ei und Crème fraîche hinzufügen. Die Butter in Flöckchen auf dem Rand verteilen und Salz hinzufügen. Alles zügig zu einem homogenen Teig verkneten. Abgedeckt eine gute halbe Stunde stehen lassen. Währenddessen die Tomaten waschen, vom Stielansatz befreien und in Scheiben schneiden. Den Käse und die Sardellenfilets in mundgerechte Stücke schneiden. Eine Form von 28 cm Durchmesser einfetten. Den Teig ausrollen und die Form mit ¾ des Teigs belegen. Den Rand ein wenig hochdrücken. Nochmals 15 Minuten stehen lassen und mit Öl bestreichen. Den Teig mit Tomatenscheiben, Sardellenfilets und Käsescheiben belegen. Mit Salz, Pfeffer, Oregano und Thymian bestreuen. Den restlichen Teig etwas dünner ausrollen und in Streifen schneiden. Diese Teigstreifen so auf die Quiche legen, daß ein Gitter entsteht. Eigelb und Milch verrühren und das Gitter damit bestreichen. Für etwa 40 Minuten in den auf 210 °C vorgeheizten Backofen geben.

Viel Geschmack, dabei wenig Kalorien, das zeichnet eine leuchtendrote Frucht aus, die vor gar nicht so langer Zeit Einzug in unsere Küchen gefunden hat. „Tomatl“ nannten die Azteken dieses Gemüse, das Kolumbus vor 500 Jahren aus Mexiko mit nach Europa brachte. Inzwischen wurden viele Arten neu gezüchtet, doch der Name ist geblieben. Für diese Quiche eignen sich am besten sonnengereifte Tomaten mit kräftigem Aroma.

PRODUIT DE FRANCE
1992
MIS EN BOUTEILLE A LA PROPRIÉTÉ
Provence-Rosé gut gekühlt

Gefüllte Artischockenböden

2 Zweige glatte Petersilie
1 gekochte oder gebratene Hähnchenbrust
1 Scheibe roher Schinken
1 Scheibe gekochter Schinken
4 grüne entkernte Oliven
1 Ei
4 EL frisch geriebener Parmesan
2 EL Paniermehl
Salz
frisch gemahlener schwarzer Pfeffer
1 Msp. getrockneter Thymian
8 Artischockenböden, frisch oder aus der Dose
8 Cocktailtomaten
8 kleine Salatblätter, z.B. Romana

Getränkeempfehlung:
Winzersekt von der Mosel

Die Petersilie waschen, trockentupfen, die Blättchen von den Stielen zupfen und hacken. Hähnchenbrust, rohen und gekochten Schinken sowie die Oliven sehr klein schneiden. Das Ei verquirlen und mit 2 Eßlöffel Parmesan und Paniermehl zu den übrigen Zutaten geben. Mit Salz, Pfeffer und Thymian abschmecken. Die Farce in die Artischockenböden füllen, mit dem restlichen Parmesan bestreuen und für 8 bis 10 Minuten in den auf 200 °C vorgeheizten Backofen geben. Die Tomaten waschen, halbieren oder vierteln und alles mit Salatblättern auf einer Platte oder Portionstellern anrichten. Warm oder kalt servieren.

Die Blütenköpfe der Artischocken waren schon im Altertum eine begehrte Delikatesse. Heute werden sie in den gemäßigten und südlichen Regionen vor allem rund ums Mittelmeer, aber auch in der Bretagne angebaut.
Und so kommt man an die Artischockenböden, die liebevoll belegt, sich als köstliche Vorspeise anbieten:
– Nach dem Waschen zunächst den Stiel nahe am Blütenansatz ruckartig abdrehen, so werden harte Fasern aus dem Boden mit herausgezogen. Bei jungen Artischocken den Stiel mit einem Messer abschneiden.
– Den Blütenboden mit Zitronensaft beträufeln, damit er nicht braun anläuft.
– Die unteren harten Blätter abbrechen.
– Mit einem scharfen Messer die Artischocke über dem unteren Drittel quer durchschneiden.
– Die hellen Blütenblätter rund um den Boden abschneiden, so daß das sogenannte Heu zum Vorschein kommt.
– Mit einem scharfkantigen Löffel oder besser mit einem Kugelausstecher die faserige Masse entfernen und wegwerfen.
– Mit einem scharfen kleinen Messer eventuelle harte Stellen und noch verbliebene Blätteransätze entfernen.
– Die Böden vorsichtig in Zitronenwasser 5 bis 10 Minuten garen, herausnehmen und abtropfen lassen.

Grüne Torte

Für 10 Personen

Für den Teig:
150 g Quark
Salz
2 Eier
3–4 EL Olivenöl
250 g Mehl
2 TL Backpulver
Mehl zum Bestäuben

Für den Belag:
200 g Kartoffeln
600 g Mangold
einige Wirsingkohlblätter
500 g Brokkoli
250 g Ricotta
175 g Kräuter-Crème-fraîche
2 große Eier
Salz
frisch gemahlener schwarzer Pfeffer
abgeriebene Muskatnuß
Butter für die Form

Weinempfehlung:
Kräftiger Valpolicella classico superiore

Für den Teig den Quark mit Salz, Eiern und Olivenöl verrühren. Das gesiebte Mehl mit dem Backpulver mischen und dazugeben. Kurz verkneten, mit Mehl bestäuben und abgedeckt stehen lassen.
Für den Belag die Kartoffeln waschen und in der Schale in 35 bis 40 Minuten weich kochen, pellen und durchpressen. Das Gemüse putzen, waschen und trockentupfen. Die Stiele und Rippen des Mangolds herausschneiden und anderweitig als Gemüse verwenden. Die Blätter zusammen mit den Kohlblättern und dem Brokkoli mit ½ Liter Wasser in einen Topf geben und etwa 12 Minuten kochen. Kochwasser abschütten. Die Brokkolistiele unten abschneiden. Das Gemüse pürieren. Ricotta, Kräuter-Crème-fraîche, Eier und Kartoffeln hinzufügen. Mit Salz, Pfeffer und Muskatnuß gut abschmecken.
Eine Form von 26 cm Durchmesser einfetten. Den Teig ausrollen und hineingeben. Die Masse darauf verteilen und für etwa 45 Minuten in den auf 190 °C vorgeheizten Backofen stellen.

Mangold war in Mitteleuropa lange Zeit in Vergessenheit geraten. Der etwas gehaltvollere Spinat hatte ihn verdrängt. Doch in Italien stehen die Blattrosetten einer Rübenart – das nämlich ist Mangold – unverändert hoch im Kurs. Sind doch seine etwas würzigen Blätter auch für manch andere Gerichte vielseitig zu verwenden, wie etwa hier, bei der schmackhaften Grünen Torte.

Omelett mit zweierlei Pilzen

Für die Füllung:
3 g getrocknete Steinpilze
5 EL Rotwein
160 g Champignons
100 g Steinpilze
1 große Zwiebel
1 Knoblauchzehe
2 Tomaten
3 EL Sonnenblumenöl
Salz
frisch gemahlener schwarzer Pfeffer

Für die Omeletts:
8 Eier
Salz
60 g Butter

Tip für Eilige:
Die Füllung schmeckt auch auf Toastscheiben.

Weinempfehlung:
Petit Chablis

Für die Füllung die Steinpilze in dem Rotwein einweichen und 1 Stunde stehen lassen oder bei 360 Watt abgedeckt 2 Minuten in die Mikrowelle geben. Die Champignons und Steinpilze putzen und kleinschneiden. Die Zwiebel und die Knoblauchzehe abziehen. Die Zwiebel fein würfeln und die Knoblauchzehe zerdrücken. Die Tomaten überbrühen, häuten und hacken. Das Sonnenblumenöl erhitzen und die Zwiebeln und Pilze einige Minuten darin andünsten. Knoblauch und Tomaten hinzugeben, dann die in Rotwein eingelegten Steinpilze. Mit Salz und Pfeffer abschmecken. 10 bis 12 Minuten unter Rühren schmoren lassen.
Für die Omeletts die Eier mit Salz verquirlen. Eine Pfanne erhitzen. Die Butter hineingeben, schmelzen lassen und 1/4 der Eimasse hineingleiten und stocken lassen. Mit einer Gabel am Rand anheben. Auf vorgewärmte Teller geben und warmhalten. Die restlichen Omeletts backen, füllen und servieren.

Omeletts haben viele Vorteile. Nicht nur, daß sie in kürzester Zeit zubereitet sind, ihr Inneres kann auch auf vielfältige Weise variiert werden – ganz nach Ihrem Gusto –, wenn Sie selber Koch sind oder diesem ihre Wünsche äußern dürfen.

Bataten-Quiche mit Nordseekrabben

Bataten bilden zwar wie Kartoffeln stärkehaltige Knollen, doch sonst haben sie mit ihnen nicht viel gemeinsam. Das Windengewächs, ursprünglich aus den tropischen Urwäldern der malaiischen Inseln und Brasiliens stammend, wird heute auch in Afrika und im Mittelmeerraum angebaut. Es gibt weiß- und rotschalige Sorten. Die weißen Bataten schmecken mehlig-süß, weswegen sie fälschlicherweise auch Süßkartoffeln genannt werden. Die rotschaligen besitzen ein lachsfarbenes oder weißes Fleisch. Sie enthalten aber mehr Carotin als die weißschaligen und sind deshalb wertvoller. Bataten lagert man am besten bei Zimmertemperatur, so halten sie sich etwa 2 Wochen. Die Kälte des Kühlschranks würden sie sehr schnell übelnehmen.

300 g rötliche Bataten (ergeben nach dem Schälen etwa 250 g)
1 Zwiebel
1 Bund Dill
60 g geriebener Emmentaler
3 Eier
150 g Crème fraîche
100 g Mehl
Salz
frisch gemahlener weißer Pfeffer
150 g Nordseekrabben (ersatzweise andere)
Butter für die Form

Weinempfehlung:
Gewürztraminer aus dem Elsaß

Die Bataten waschen, schälen und reiben. Die Zwiebel abziehen und ebenfalls reiben.
Den Dill waschen, trockentupfen und hacken. Den Käse, die Eier, Crème fraîche und das Mehl hinzufügen und verrühren. Mit Salz und Pfeffer abschmecken. Die Krabben kurz unterheben. Eine Porzellan- oder Keramikform von 25 cm Durchmesser mit Butter ausstreichen und die Batatenmischung hineingeben. Für etwa 35 bis 40 Minuten in den auf 200 °C vorgeheizten Backofen geben.

1977
ALSACE

Lachs im Kürbisbett

50 g altbackenes Weißbrot
⅛ Liter süße Sahne
(ersatzweise Milch)
1 kg Kürbis
(ergibt nach dem Putzen
etwa 650–700 g)
6 EL gut gewürzte Gemüse-
oder Hühnerbrühe
2 Eier
1 EL Mehl
1 EL Speisestärke
Salz
frisch gemahlener
weißer Pfeffer
2 Messerspitzen Muskat-
blüte (Macis), ersatzweise
Muskatnuß
4 kleine Mangoldblätter
200 g Lachsfilet
1 TL Zitronensaft
1 EL Butter
Butter für die Förmchen

Weinempfehlung:
Frascati

Das Brot entrinden, etwas kleinschneiden und mit der erhitzten Sahne übergießen. Den Kürbis schälen und von Kernen und Zwischenwänden befreien. Das Fruchtfleisch in große Würfel schneiden. In der Brühe abgedeckt 12 bis 15 Minuten garen lassen, bis das Kürbisfleisch weich ist, dann mit dem eingeweichten Brot pürieren. Die Eier aufschlagen und mit Mehl und Speisestärke unter das Kürbismus rühren. Mit Salz, Pfeffer und Macis abschmecken.

Den Mangold waschen, die Stiele entfernen und die Blätter 5 Minuten in kochendem Salzwasser blanchieren. Anschließend abtropfen lassen. Das Lachsfilet waschen, trockentupfen und mit Zitronensaft beträufeln. Die Butter in einer Pfanne zerlaufen lassen und die Filets in 10 Minuten knapp gar dünsten. Mit Salz und Pfeffer würzen und in Stücke teilen.

4 Portionsauflaufförmchen mit Butter ausstreichen. Etwas Kürbispüree hineingeben, Mangoldblätter darüberlegen, Lachsfiletstücke darauf verteilen und mit Kürbispüree abdecken. Für etwa 25 bis 30 Minuten in den auf 200 °C vorgeheizten Backofen stellen. Warm oder kalt servieren.

Der Kürbis ist weit davon entfernt, nur als Lieferant für die leuchtenden Halloween-Laternen zu fungieren. Er hat auch ein hochinteressantes Innenleben. Sein Fleisch ist entgegen der landläufigen Meinung nicht nur gut für Kompott und Marmelade, in Mittel- und Südamerika weiß man ihn seit Jahrtausenden als vielseitiges Gemüse und Naturheilmittel zu schätzen. Das Fruchtfleisch des von September bis in den späten Winter auf dem Markt angebotenen „Gelben Zentners" zum Beispiel, ist relativ geschmacksneutral und harmoniert daher vorzüglich mit anderen Gemüsen, Eiern, Milchprodukten, Fisch, Geflügel, Fleisch oder Obst. Beim Einkaufen sollte man darauf achten, daß die Oberfläche des Kürbisses keine Flecken oder Druckstellen aufweist. Der Stielansatz (etwa 10 cm lang) sollte vorhanden sein. Zum Verarbeiten großer Kürbisse werden zunächst Segmente abgeschnitten. Danach lassen sich die faserige Masse und die Kerne leicht mit einem scharfkantigen Eßlöffel entfernen. Zum Schluß wird mit einem scharfen Messer die Schale abgetrennt.

Gefüllte Weinblätter

Für etwa 4–6 Personen

20 eingelegte Weinblätter
30 g Korinthen
100 g Reis
2 Zwiebeln
1 Bund Dill
8–10 frische Minzblättchen
1/8 Liter Olivenöl
50 g Pinienkerne
Salz
frisch gemahlener schwarzer Pfeffer
1 TL Zimt
1 unbehandelte Zitrone

Die Weinblätter kurz im Wasser blanchieren und abtropfen lassen. Die Korinthen in warmem Wasser einweichen und getrennt davon auch den Reis. Die Zwiebeln abziehen und fein hacken. Den Dill und die Minze waschen, trockentupfen und hacken. 5 bis 6 EL Olivenöl erhitzen und die Zwiebeln anbraten. Den abgetropften Reis, die abgetropften Korinthen, Pinienkerne, Dill und Minze hinzufügen. Mit Salz, Pfeffer und Zimt würzen, kurz anbraten und mit etwa 1/4 Liter Wasser ablöschen. Zugedeckt bei mäßiger Temperatur 20 bis 25 Minuten köcheln lassen. Vom Herd nehmen und abkühlen lassen. Das Wasser sollte verdampft sein.
Die Zitrone in Scheiben schneiden. Einen weiten Schmortopf mit Weinblättern auslegen. Auf die anderen Weinblätter 1 1/2 TL Reismischung geben. Die Seitenteile einschlagen und das Blatt aufrollen. Die gefüllten Weinblätter in den Topf legen und mit den Zitronenscheiben belegen.
1/4 Liter Salzwasser und das restliche Olivenöl hineingießen.
20 Minuten bei mäßiger Temperatur garen. Damit sich die Röllchen nicht öffnen, kann man einen umgedrehten Teller darauflegen. Kalt servieren.

Vom Nahen Osten bis hin zu den nordafrikanischen Maghreb-Staaten gehören Mezze mit ihren 1001 Varianten zu den köstlichen Appetitanregern. Dazu genießt man einen Oúzo, Arrak, Raki, Bier oder Minztee, je nach Geschmack und Laune beziehungsweise physischer Kondition. Die einfacheren Varianten, die kaum Arbeit machen, sind Nüsse, eingeweichte und gesalzene Kichererbsen, gesalzene frische Gurkenscheiben oder Tomatenviertel, Käsestückchen und Oliven. Neben eingelegten Gemüsen und Salaten, gegrillten oder gebratenen Fleischhäppchen erfreuen sich gefüllte Weinblätter großer Beliebtheit. Und Brot ist immer selbstverständliche Beigabe.

Kartoffelnocken mit Salbei

8 Kartoffeln
4 Eier
5–6 EL Kräuter-Crème-fraîche
120 g Mehl
Salz
frisch gemahlener weißer Pfeffer
abgeriebene Muskatnuß
1–2 Zweige Salbei, möglichst kleine Blättchen
1 Knoblauchzehe
60–70 g Butter

Weinempfehlung:
Müller-Thurgau

Die Kartoffeln gut waschen und ungeschält und mit Wasser bedeckt aufsetzen. Etwa 30 bis 40 Minuten kochen lassen, abgießen, pellen und durch die Kartoffelpresse drücken, etwas auskühlen lassen. Die Eier aufschlagen und Crème fraîche hinzufügen, ebenso das Mehl. Mit Salz, Pfeffer und Muskatnuß abschmecken und 20 Minuten ruhen lassen. Währenddessen den Salbei waschen, die Blättchen von den Stielen zupfen und trockentupfen. Die Knoblauchzehe abziehen.

Einen großen Topf mit 2 Liter Wasser füllen, zum Kochen bringen und salzen. Mit 2 Teelöffeln von der Kartoffelmasse kleine Nocken abstechen und für etwa 8 bis 10 Minuten in das nur siedende Wasser geben.

Die Butter mit der ganzen Knoblauchzehe und Salz in einer Pfanne zerlassen, die Salbeiblättchen hinzufügen. Die Nocken mit einem Schaumlöffel herausnehmen und auf vorgewärmte Teller verteilen. Die Salbeiblättchen mit Butter darübergeben. Die Knoblauchzehe beiseite legen, die Butter sollte nur einen Hauch von Knoblauchgeschmack haben.

In der Mittelmeerküche hat Salbei einen festen Platz. Kein Wunder, wächst er dort doch als wilder Krautstrauch. Seit der Antike weiß man die heilsame Wirkung der grauen, mit einem Haarpelz versehenen Blätter zu schätzen. Wegen seiner verdauungsfördernden Eigenschaft fügt man allen mit überwiegend Olivenöl oder tierischen Fetten zubereiteten Gerichten gern Salbei bei. Sein Aroma ist derart intensiv, daß man in den meisten Fällen keine weiteren Kräuter benötigt. Dabei wird er aber nie mitgekocht, sondern nur wie hier kurz in Butter geschwenkt.

Gefüllte Paprika
Marinierte Auberginen

GEFÜLLTE PAPRIKA
4 spitze türkische Paprikaschoten
15 möglichst in Knoblauch eingelegte grüne Oliven
150 g türkischer Schafskäse
2 Eigelb
1 EL Olivenöl für die Form
1½ EL Butter
2 EL Paniermehl
2 EL gemahlene Mandeln

MARINIERTE AUBERGINEN
3 Auberginen mittlerer Größe
gut ¼ Liter Olivenöl
1 Zwiebel
1 Knoblauchzehe
5 EL Rotweinessig
1 EL brauner Zucker
1 EL Tomatenmark
Salz
schwarzer Pfeffer
Chilipulver
½ Bund glatte Petersilie
2 EL Kapern

GEFÜLLTE PAPRIKA
Die Paprikaschoten waschen, trockentupfen, den Stielansatz entfernen und vorsichtig die Kerne herausnehmen, ohne die Schoten zu verletzen. Die Oliven hacken. Den Käse mit dem Eigelb zerdrücken und die Oliven unterziehen. Diese Masse in die Schoten füllen und in eine mit Olivenöl ausgestrichene Auflaufform legen. Mit Alufolie abdecken und für etwa 45 bis 55 Minuten (je nach Reife des Gemüses) in den auf 200 °C vorgeheizten Backofen stellen.
Die Butter in einer Pfanne zerlaufen lassen. Paniermehl und gemahlene Mandeln hineingeben und unter Rühren goldgelb braten. Über die Paprikaschoten streuen und servieren.

Die spanischen Eroberer brachten die Paprika bei ihrer Rückkehr von Amerika mit. Dieses scharf-süße Gewürz-Gemüse, den Urbewohnern der neuen Welt schon seit Jahrtausenden bekannt, erfreute sich bald auch in Europa großer Beliebtheit. Der Paprikaanbau breitete sich sehr schnell von Spanien nach Frankreich, Italien über die Türkei und den Balkan aus.

MARINIERTE AUBERGINEN
Die Auberginen waschen, trockentupfen, den Stielansatz entfernen und in Scheiben schneiden. Olivenöl in einer Pfanne erhitzen und die Scheiben portionsweise beidseitig braten. Die Scheiben auf Küchenpapier abtropfen lassen und in eine Schüssel geben.
Die Zwiebel und die Knoblauchzehe abziehen. Die Zwiebel würfeln und die Knoblauchzehe zerdrücken. Essig, Zucker, Tomatenmark, Zwiebel und den Knoblauch mit 5 Eßlöffel Wasser in die Pfanne geben und aufkochen lassen. Mit Salz, Pfeffer und Chili würzen. Über die Auberginenscheiben gießen.
Die Petersilie waschen und hacken. Zusammen mit den Kapern über die Auberginenscheiben geben. Einen Tag gekühlt durchziehen lassen.

Lauchkuchen

Für 6 Personen

Für den Teig:
60 g magerer Quark
1 Ei
2 EL Öl
1 TL Salz
130 g Mehl
1 TL Backpulver

Für den Belag:
320 g Lauch
175 g Zwiebeln (etwa 3–4 Stück)
120 g magerer Schinkenspeck
3 EL Olivenöl
Salz
frisch gemahlener schwarzer Pfeffer
2–3 Messerspitzen Muskatblüte (Macis)
2–3 Messerspitzen Currypulver
50 g Parmesan
2 Eier
175 g Crème fraîche

Butter für die Form

Für den Teig den Quark mit Ei, Öl und Salz verrühren. Das Mehl mit dem Backpulver mischen, sieben und zum Quarkgemisch geben. Mit den Knethaken des Handrührgerätes verkneten oder per Hand kurz unterkneten und ruhen lassen.

Für den Belag den Lauch längs aufschneiden, gründlich waschen, trockentupfen und in Ringe schneiden. Die Zwiebeln abziehen und in schmale Ringe schneiden. Den Schinkenspeck würfeln. Das Öl in einer Pfanne erhitzen. Den Schinkenspeck sowie die Zwiebeln hinzufügen und glasig dünsten. Nach einigen Minuten den Lauch dazugeben und 3 weitere Minuten unter Rühren andünsten. Mit Salz, Pfeffer, Muskatblüte und Curry abschmecken. Den Parmesan reiben, Eier und Crème fraîche verrühren und den Käse hinzufügen.

Eine Kuchenform von 22 cm Durchmesser einfetten. Den Teig ausrollen und hineingeben. Einen kleinen Rand hochziehen. Das Gemüse daraufgeben und mit der Eiercreme bedecken. Für etwa 25 bis 30 Minuten in den auf 210 °C vorgeheizten Backofen stellen. Warm servieren.

Lauchstangen sind im Frühjahr und Sommer besonders zart, im Herbst und Winter haben sie dafür aber einen kräftigeren Geschmack. Ätherische Öle, Vitamine und Mineralstoffe machen Lauch zu einem gesunden Genuß. Dabei wirken leicht schwefelhaltige Stoffe als natürliches Antibiotikum.

In einer Mußestunde läßt sich Lauchkuchen bequem auf Vorrat herstellen und einfrieren. Rechtzeitig aufgetaut – am schnellsten geht es im Mikrowellengerät – eignet er sich als Vorspeise oder Imbiß in fröhlicher Runde bei Bier, Wein oder einem spritzigen Winzersekt.

Kleine Pizzen

Für den Teig:
120 g Mehl
10 g Hefe
½ TL Zucker
50 ml warmes Wasser
1 EL Olivenöl
Salz

Für den Belag:
2 Zwiebeln
1 Knoblauchzehe
200–250 g Austernpilze
½ Bund frischer Estragon, ersatzweise 2 Msp. getrockneter Estragon
2 EL Öl
2–3 EL Crème fraîche
1 kleines Döschen Schnecken (24 Stück)
Salz
frisch gemahlener weißer Pfeffer

Butter für das Blech
40–50 g Parmesan

Tip:
Der Belag darf nicht zu dick aufgetragen werden, da er sonst zuviel Saft abgibt und der Boden weich bleibt.

Weinempfehlung:
Orvieto secco

Für den Teig das Mehl in eine Schüssel sieben. In die Mitte eine Vertiefung drücken, die Hefe hineinbröckeln und den Zucker darüberstreuen. Die Hefe mit dem warmen Wasser verrühren. Etwas Mehl darüberstäuben und an einem warmen Ort 15 bis 20 Minuten gehen lassen. Olivenöl und Salz dazugeben und verkneten, abgedeckt nochmals 20 Minuten gehen lassen.
Für den Belag die Zwiebeln und die Knoblauchzehe abziehen. Die Zwiebeln halbieren und in dünne Ringe schneiden. Die Knoblauchzehe zerdrücken. Die Austernpilze putzen und in Stücke teilen. Die Estragonblättchen von den Stielen zupfen und hacken. Das Öl in einer Pfanne erhitzen und die Zwiebeln darin einige Minuten andünsten. Austernpilze und Knoblauch hinzufügen und weiterdünsten. Mit Crème fraîche ablöschen. Die Schnecken hineingeben und mit Salz, Pfeffer und Estragon würzen.
Den Teig auf einer mit wenig Mehl bestreuten Arbeitsplatte ausrollen und mit einem Ausstecher oder einem Glas Kreise von etwa 9 cm Durchmesser formen. Ein Backblech einfetten. Die Teigscheiben darauflegen und 5 bis 10 Minuten ruhen lassen. Den Käse reiben. Die kleinen Pizzen mit der Schnecken-Pilz-Masse belegen, mit dem Käse bestreuen und für etwa 15 Minuten in den auf 210 °C vorgeheizten Backofen geben.

Caruso soll einmal nach einem Konzert in seiner Heimatstadt Neapel, als man ihm wenig Applaus zollte, ausgerufen haben: „Eines Tages werde ich zurückkommen, weil es meine Heimat ist, die ich liebe. Aber nicht, um zu singen, sondern nur um Pizza zu essen!" Von Neapel aus trat die Pizza ihren Siegeszug in alle Welt an. Was dieses Gericht so beliebt macht, ist, daß es in seinen vielen Variationen alle Geschmäcker zu befriedigen vermag. Käse sollte niemals fehlen und immer von bester Qualität sein. Mozzarella oder ein Parmigiano Reggiano passen eigentlich immer. Pizzen eignen sich außerdem besonders gut dazu, Reste vom Vortag zu verwerten, ob Fisch, Fleisch oder Geflügel.

kaltgepreßt
Inhalt 0,5l
Im Maisel 6, 6204 Taunusstein 5

QUICHE AUF MEINE ART

Für etwa 10 Personen

Für den Teig:
100 g Magerquark
1 Ei
2 EL Öl
1½ TL Backpulver
200–220 g Mehl
Salz

Für den Belag:
400 g Zwiebeln
1 Stange Lauch
von etwa 180–200 g
2 EL Öl
1 EL Butter
Salz
frisch gemahlener
schwarzer Pfeffer
abgeriebene Muskatnuß
½ TL Kümmel
2 Messerspitzen
Madras-Curry
etwa ⅛ Liter Hühner-,
Fleisch- oder Gemüse-
brühe
150 g Blauschimmelkäse
(möglichst mit einem
hohen Fettanteil)
150 ml süße Sahne
200 g Crème fraîche
3 Eier
1 TL Speisestärke
Butter für die Form

Weinempfehlung:
Weißherbst

Für den Teig Quark, Ei, Öl, das mit Backpulver vermischte und gesiebte Mehl und Salz kurz verkneten und stehenlassen.
Für den Belag die Zwiebeln abziehen, halbieren und in dünne Halbringe schneiden. Den Lauch längs aufschneiden, waschen und in schmale Ringe schneiden.
Das Öl in einer Pfanne erhitzen, die Butter hinzufügen und die Zwiebeln darin andünsten. Nach einigen Minuten den Lauch hineingeben und kurz weiterdünsten. Mit Salz, Pfeffer, Muskatnuß, Kümmel und Curry würzen und mit der Brühe ablöschen. Bei niedriger Temperatur 5 bis 8 Minuten köcheln, dann abkühlen lassen.
Käse, Sahne, Crème fraîche, Eier und Speisestärke verrühren, am besten mit dem Mixstab. Mit wenig Salz und Pfeffer würzen.
Eine Form von 28 cm Durchmesser mit Butter ausstreichen. Den Teig ausrollen, hineingeben und einen kleinen Rand hochdrücken. Die Zwiebel-Lauch-Mischung daraufgeben, die Käsecreme darübergießen und für etwa 35 bis 45 Minuten in den auf 225 °C vorgeheizten Backofen stellen. Goldgelb und warm schmeckt die Quiche am besten.

Die Bezeichnung „Quiche" geht sehr wahrscheinlich auf das deutsche Wort Kuchen zurück. In Lothringen wußte man schon im Mittelalter nicht nur süße, sondern auch salzige Kuchen zu backen. Die „Quiche lorraine" gelangte zu Weltruhm. Heute steht Quiche allgemein für pikante Kuchen. Die von mir vorgeschlagene Variante ist etwas abgespeckt. Dann bleibt auch für danach noch etwas Appetit. Sie eignet sich daher sehr gut als Vorspeise. Ein gekühlter Weißherbst gehört dazu.

Käse-Píta

½ Bund glatte Petersilie
1 Bund Minze
1 Bund Schnittlauch

Für die Bechamelsauce:
60 g Butter
50 g Mehl
375 ml warme Milch
Salz
frisch gemahlener weißer Pfeffer
abgeriebene Muskatnuß
400 g Feta-Käse
5 Eier
100 g geriebener Kasséri-Hartkäse, Emmentaler oder Gouda

100 g Butter zum Bestreichen der Filloblätter
Butter für das Blech
350–400 g Filloteig

Weinempfehlung:
Retsina

Die Kräuter waschen und trockentupfen. Die Blättchen von Petersilie und Minze von den Stielen zupfen und hacken. Den Schnittlauch in Röllchen schneiden.
Für die Bechamelsauce die Butter erhitzen, das Mehl hineinschütten und goldgelb durchdünsten lassen. Nach und nach mit der Milch unter Rühren ablöschen. Einige Minuten köcheln lassen und dabei weiterrühren. Mit Salz, Pfeffer und Muskatnuß abschmecken und vom Herd nehmen. Den Feta-Käse zerdrücken. Die Eier verquirlen und zusammen mit dem Feta, dem Hartkäse und den Kräutern in die Bechamelsauce rühren.
Die Butter schmelzen lassen. Die Fettpfanne des Backofens mit Butter ausstreichen und mit 2 Filloteigblättern auslegen. Mit Butter bestreichen und so fortfahren, bis zwei Drittel der hauchdünnen Blätter verbraucht sind. Jedes Teigblatt sollte mit Butter bestrichen werden. Die überstehenden Blattränder nach innen einschlagen. Die Käsemischung daraufgeben und mit dem restlichen Drittel der Teigblätter gleichermaßen verfahren. Auch das oberste Filloblatt mit Butter bestreichen und mit Wasser besprenkeln. Alle 5 bis 10 cm mit einem Messer einstechen. Für etwa 40 Minuten in den auf 220 °C vorgeheizten Backofen stellen, bis sie goldgelb ist. Warm oder kalt servieren.

Die Herstellung von Filloteig verlangt schon eine gewisse Fertigkeit, denn er ist feiner und dünner als der allgemein bekannte Blätterteig. Wegen seiner Beliebtheit findet man in Griechenland überall Geschäfte, die ihn täglich frisch anbieten. Auch bei uns ist er in griechischen Spezialgeschäften zu haben. Je dünner der Teig ausgerollt und gezogen wird, um so köstlicher schmeckt nachher das Gebäck. Dabei sind dem Inhalt keine kulinarischen Grenzen gesetzt. Was liegt näher, als ihn mit einem griechischen Käse zu füllen und dann an einem heißen Sommerabend mit griechischem Wein und einem oder zwei Gläschen Ouzo zu genießen.

Kräftig gewürzt mit Käse

KÄSEBÄLLCHEN
80 g Blauschimmelkäse
10 g Mehl
10 g Kartoffelmehl
1/8 Liter süße Sahne oder
125 g Crème fraîche
40–50 g Paniermehl
1 Ei
Salz
frisch gemahlener schwarzer Pfeffer
1 EL Schnittlauchröllchen

gut 1/2 Liter Olivenöl zum Ausbacken

Weinempfehlung:
Leichter roter Landwein

OMELETT MIT ROQUEFORT UND WALNÜSSEN
8–10 Walnüsse
8 Eier
100 g Roquefort
4 TL Noilly Prat (französischer Wermut)
Salz
frisch gemahlener schwarzer Pfeffer
4 TL Öl, vorzugsweise Walnußöl
4 TL Butter
1 Päckchen Kresse

Weinempfehlung:
Muscadet

KÄSEBÄLLCHEN

Alle Zutaten mit dem Handmixer oder in der Küchenmaschine verrühren und gut abschmecken. Abgedeckt 20 Minuten stehen lassen.

Das Olivenöl erhitzen. Mit 2 Teelöffeln kleine Nocken abstechen und portionsweise schwimmend in dem Öl in etwa 5 Minuten ausbacken.

Eine Platte mit Salatblättern auslegen, die Käsebällchen dekorativ darauf anrichten und sofort servieren.

Ob Roquefort, Gorgonzola oder ein ganz anderer, der Blauschimmelkäse gibt hier mit seinem herben, pikanten Geschmack den Ton an. Die Käsebällchen sind gleichermaßen für eine Vorspeise wie auch als Dauerbegleiter einer fröhlichen Party geeignet. Ein besonderer Genuß sind sie, wenn sie frisch ausgebacken gereicht werden.

OMELETT MIT ROQUEFORT UND WALNÜSSEN

Die Nüsse knacken und die Kerne hacken. Die Eier in einer Schüssel aufschlagen und verquirlen. Die Nüsse, den zerbröckelten Roquefort und den Noilly Prat hineingeben. Mit Salz und Pfeffer abschmecken.

Eine Pfanne von 16 bis 18 cm Durchmesser erhitzen. 1 Teelöffel Olivenöl hineingeben, dann 1 Teelöffel Butter. Die Eiermischung portionsweise hineingießen und einige Minuten bei mäßiger Temperatur garen, bis der Rand fest wird, vorsichtig wenden und das Omelett auf einen vorgewärmten Teller geben. Schnell die anderen Omeletts backen. Mit Kresse garniert servieren.

Mit dieser „Omelette quercynoise" aus Frankreich wird der Beweis erbracht, daß Vorspeisen nicht unbedingt Fisch oder Fleisch zum Thema haben müssen. Auch mit Eiern lassen sich herrliche Gerichte zubereiten. Roquefort, ein aus Schafsmilch hergestellter Blauschimmelkäse, verleiht dem Omelett den besonderen, pikanten Geschmack.

Feta und Kräuter im Teig

Für etwa 36 Teigtaschen

Für die Füllung:
½–1 Bund glatte Petersilie
1 Bund Minze
1 Bund Schnittlauch
200 g Feta-Käse
1 Ei

Für den Teig:
60 ml Butter
60 ml Öl
60 ml warmes Wasser
Salz
250 g Mehl

1 Eigelb und
1 EL Milch zum Bestreichen
2 EL Sesamsamen
Butter für das Blech

Für die Füllung die Kräuter waschen, trockentupfen, die Blättchen von Petersilie und Minze von den Stielen zupfen und hacken. Den Schnittlauch in Röllchen schneiden. Den Feta zerdrücken und mit den Kräutern und dem Ei mischen.
Für den Teig die Butter am besten in der Mikrowelle schmelzen lassen oder im Wasserbad. Das Öl hinzufügen, es sollte ebenfalls temperiert sein. Das Wasser sowie Salz dazugeben und das Mehl unter Rühren hineinschütten, dann weiterrühren, bis sich ein Kloß gebildet hat. Nur kurz durchkneten. Den Teig vierteln und dünn ausrollen. Kreise von etwa 7 bis 8 cm Durchmesser ausstechen und jeweils 1 Teelöffel Füllung daraufgeben. Eine Hälfte umschlagen, so daß ein Halbmond entsteht. Die Ränder fest zusammendrücken. Mit einer Gabel ringsherum einkerben, um einen schönen Rand zu bekommen. Eigelb und Milch verquirlen und die Teigtaschen damit bestreichen. Mit Sesam bestreuen und auf einem nur wenig gefettetem Blech etwa 40 Minuten im auf 190 °C vorgeheizten Backofen backen. Warm schmecken diese leckeren Teigtaschen am besten.

Eier Meulemeester

5 Eier
½ Bund glatte Petersilie
½ Bund Kerbel
40 g Butter
120 g Nordseekrabben
⅛ Liter Sahne
125 g Crème fraîche
2 TL Senf
Salz
frisch gemahlener weißer Pfeffer
Butter für die Auflaufförmchen
50–60 g geriebener mittelalter Gouda

Weinempfehlung:
Petit Chablis

Die Eier 8 Minuten kochen, abschrecken und pellen. Petersilie und Kerbel waschen, trockentupfen, die Blättchen von den Stielen zupfen und hacken. Einige Kerbelblättchen für die Garnitur zurückbehalten. Die Eier in Scheiben schneiden.
Die Butter in einem weiten Topf zerlassen, Krabben und Eischeiben hineingeben und kurz in der Butter schwenken. Die Sahne angießen. Crème fraîche, Senf und Kräuter hinzufügen. Mit Salz und Pfeffer abschmecken.
Vier Portionsauflaufförmchen mit Butter ausstreichen. Den Topfinhalt darin verteilen. Mit dem Käse bestreuen und für etwa 6 Minuten in den auf 230 °C vorgeheizten Backofen stellen.

Dort wo sich im Wind die Mühlen drehen, kennt man dieses Gericht seit Jahrhunderten. In Flandern und Holland wird das Kraftpaket allen ernährungswissenschaftlichen Behauptungen zum Trotz bis auf den heutigen Tag geschätzt – und soll der Lebenserwartung im europäischen Vergleich nicht abträglich sein. Na dann…

Teigtaschen mit Ei

1 Zwiebel
1 Bund glatte Petersilie
1 Zitrone
150 g Thunfisch in Öl
1 EL Olivenöl
Salz
frisch gemahlener
weißer Pfeffer
2 Msp. Cayennepfeffer
4 Brikblätter, ersatzweise
Blätterteig
4 Eier
1 Eiweiß

Öl zum Fritieren

Die Zwiebel abziehen und fein schneiden. Die Petersilie waschen, trockentupfen, die Blättchen von den Stielen zupfen und hacken. Die kleinere Hälfte der Zitrone auspressen, die andere in Scheiben oder Achtel schneiden. Den Thunfisch abtropfen lassen und zerpflücken. Das Öl erhitzen, die Zwiebel darin andünsten, dann in eine Schüssel geben. Thunfisch und Petersilie hinzufügen. Mit Salz, Pfeffer, Cayennepfeffer und 1 Teelöffel Zitronensaft abschmecken. Die Füllung auf eine Hälfte der Brikblätter geben und, nachdem eine Vertiefung in die Mitte gedrückt wurde, ein Ei daraufgeben. Die Teigränder mit Eiweiß bestreichen und zu einem Viereck falten. Im erhitzten Öl etwa 5 Minuten fritieren. Auf Küchenpapier abtropfen lassen. Mit Zitronenscheiben oder -achteln garniert heiß servieren.

Weitere Möglichkeiten für Füllungen:
– frische, gedünstete Pilze mit Petersilie und geriebenem Käse, abgeschmeckt mit Salz, Pfeffer und Paprikapulver
– Hackfleisch vom Lamm oder Rind mit Tomaten, Knoblauch, Petersilie, Salz, Pfeffer, Cayennepfeffer und Piment
– Spinat mit Zwiebeln, Schafskäse, Salz, Pfeffer und Muskatnuß
– Geflügelfleisch mit Frühlingszwiebeln, gerösteten Mandeln, gut gewürzt mit Ingwer, Zimt, Oregano und Thymian

Vorspeisen mit Fisch und Meeresfrüchten

Kaviar-Soufflé
Fisch mit Früchten

KAVIAR-SOUFFLÉ
1/4 Liter Milch
4–5 Zweige Dill
60 g Butter
40 g Mehl
3 Eier
Salz
2 EL Kaviarcreme (Tube)
frisch gemahlener
weißer Pfeffer
Butter für die Form

Tip:
Die Form sollte höchstens zu 3/4 gefüllt sein, da das Soufflé sehr aufgeht.

FISCH MIT FRÜCHTEN
3 EL trockener Weißwein
1 EL Zitronensaft
3 EL Sojaöl
1 1/2 EL helle Sojasauce
frisch gemahlener
schwarzer Pfeffer
Salz
1 kleine rote Zwiebel
1 reife Mango
2 kleine reife Avocados
250 g gegartes Fischfilet
wie z.B. Seeteufel, Zander,
Schellfisch

Weinempfehlung:
Grauer Burgunder aus Baden

KAVIAR-SOUFFLÉ
Die Milch erhitzen. Den Dill waschen, trockentupfen, die Stiele entfernen und hacken.
40 g Butter zerlaufen lassen und das Mehl einstreuen, goldgelb anschwitzen und nach und nach unter ständigem Rühren die Milch hinzufügen. Einige Minuten köcheln lassen und vom Herd nehmen.
Die Eier trennen. Das Eiweiß mit Salz zu Schnee schlagen. Die restliche Butter und das Eigelb unter die Sauce rühren, ebenso die Kaviarcreme und den Dill. Den Eischnee unterziehen, mit Salz und Pfeffer würzen.
Eine Soufflé-Form von etwa 18 cm Durchmesser einfetten. Die Masse einfüllen und für etwa 35 Minuten in den auf 200 °C vorgeheizten Backofen geben. In der Form sofort servieren.

Es muß doch Kaviar sein, im vorliegenden Fall jedoch nicht unbedingt vom edelsten und teuersten „Beluga". Der rötliche, preiswertere Kaviar vom Lachs schmeckt in Form einer Creme genauso gut. Bei geschlossenen Augen würden Sie keinen Unterschied merken, bei geöffneten Augen läßt Kerzenschein ihn verschwinden.

FISCH MIT FRÜCHTEN
Weißwein mit Zitronensaft, Öl und Sojasauce verrühren und mit wenig Pfeffer und Salz würzen. Die Zwiebel abziehen und fein würfeln. Mango und Avocados schälen, von den Kernen lösen und in Scheiben schneiden. Den Fisch auf einer Platte oder 4 Portionstellern anrichten, mit den Früchten umlegen und mit der Sauce übergießen.

Für diese herrliche Vorspeise sollten nur einwandfreie und vollreife Mangos und Avocados verwendet werden. Der richtige Zustand läßt sich schnell prüfen. Auf leichten Fingerdruck müssen die Schalen nachgeben. Je reifer die Mango, desto aromatischer ist ihr Duft. Zudem sind beide Früchte wertvolle Vitaminspender.

Fischsalat auf thailändische Art

375 g Fischfilet
1 EL Zitronensaft
Salz
Erdnuß- oder Sojaöl für den Topfeinsatz
2 Schalotten
1 Knoblauchzehe
2 Frühlingszwiebeln
1 rote Chilischote
3 Zweige frischer asiatischer Koriander
3 Zweige frisches asiatisches Basilikum
1 Zitronenblatt
½–1 Stengel Zitronengras
1 unbehandelte Limette
2 EL Austernsauce
2–3 EL Erdnuß- oder Sojaöl

Weinempfehlung:
Gewürztraminer aus dem Elsaß

Das Fischfilet waschen, mit Zitronensaft beträufeln und salzen. Den Dampfeinsatz eines Topfes einölen. Das Fischfilet darauflegen. Im unteren Teil des Topfes das Wasser zum Kochen bringen. Das Fischfilet etwa 6 Minuten garen, je nach Dicke des Filets, oder das Fischfilet in wenig Wein oder Fischsud gar ziehen lassen. Nach dem Erkalten in mundgerechte Stücke teilen.
Die Schalotten und die Knoblauchzehe abziehen. Die Schalotten fein würfeln und die Knoblauchzehe zerdrücken. Die Frühlingszwiebeln waschen, trockentupfen und in dünne Ringe schneiden, über den Fisch geben. Die Chilischote waschen, aufschneiden, entkernen, von den Zwischenwänden befreien und in sehr kleine Stücke schneiden. Die Kräuter waschen, trockentupfen. Die Blättchen von den Stielen zupfen und hacken, etwas für die Garnitur zurückbehalten. Das Zitronenblatt in schmale Streifen und das Zitronengras in schmale Ringe schneiden. Die Limette waschen, trockentupfen und etwas Schale abreiben. Den Saft der Limette auspressen. Limettensaft und -schale, Austernsauce, Schalotten und Chili, Zitronengras und Zitronenblatt sowie den Knoblauch verrühren. Das Öl hinzugeben und die Sauce mit den Kräutern über den Fisch gießen.

In der Thaiküche rangiert Fisch vor Fleisch. Das ist mit Blick auf die langen Küsten nicht verwunderlich. Das Landesinnere wird von fischreichen Flüssen durchzogen, die durch ein Netz von Kanälen, den sogenannten Klongs, miteinander verbunden sind. Jeden Tag bringen unzählige Boote die Produkte des Landes und des Wassers zu den Märkten, den „Floating markets".

Lachs in Kräutercreme

1 Bund Dill
200 g Kräuter-Crème-fraîche
25 g Butter
4 Lachstranchen von je 80 g
Salz
frisch gemahlener weißer Pfeffer
Saft von ½ Zitrone

Für die Blätterteigfischchen:
1 Platte tiefgekühlter Blätterteig (Fertigprodukt)
1 EL Milch oder ½ Eigelb

Weinempfehlung:
Silvaner aus Rheinhessen

Den Dill waschen, trockentupfen, hacken, etwas für die Garnitur zurückbehalten und mit der Kräuter-Crème-fraîche verrühren. Die Butter zerlaufen lassen und den Lachs beidseitig etwa 5 Minuten leicht braten. Salzen, pfeffern und mit Zitronensaft beträufeln. Den Fisch herausnehmen und auf vorgewärmte Teller geben. Kräuter-Crème-fraîche in das Bratfett rühren, kurz erhitzen und zu dem Fisch geben. Mit Dill garnieren, Toast oder Baguette dazu reichen. Eine besonders schöne Beilage sind Fischchen aus Blätterteig: Dazu den Blätterteig 10 Minuten bei Zimmertemperatur auftauen lassen und etwas ausrollen. Mit einem Ausstecher 4 kleine Fische ausstechen. Auf ein nur mit kaltem Wasser abgespültes Backblech legen, mit etwas Milch oder Eigelb bestreichen und für etwa 10 Minuten in den auf 220° C vorgeheizten Backofen geben. Sofort servieren.

Zarte Dillzweige sind eine gute Würze für Saucen und Kräutercremes, die nicht nur zu Salaten und Gurken passen. Fischgerichten geben sie die besondere Note. Ursprünglich als Ackerunkraut in den asiatischen Ländern bekannt, wurde Dill in der Antike nicht nur als Heilpflanze, sondern auch in der Küche geschätzt. Heute hat er die ganze Welt erobert. In den skandinavischen Ländern nimmt Dill eine bevorzugte Stelle ein. Man verwendet ihn entweder frisch oder tiefgefroren. Getrocknet büßt er sein Aroma weitgehend ein.

Brunnenkressemousse mit Lachs

Für die Mousse:
3 Blatt weiße Gelatine
250 g Brunnenkresse
1/8 Liter Hühner- oder Gemüsebrühe
Salz
frisch gemahlener schwarzer Pfeffer
abgeriebene Muskatnuß
1/8 Liter Sahne

Für die Zabaione:
1/2 unbehandelte Limette
4 Eigelb
Salz
frisch gemahlener weißer Pfeffer
1/8 Liter trockener Weißwein

125 g geräucherter Lachs

Weinempfehlung:
Gewürztraminer

Für die Mousse die Gelatine in kaltem Wasser einweichen. Die Brunnenkresse waschen und die Blättchen von den Stielen zupfen. Etwas für die Garnitur zurückbehalten. Die Blättchen 3 bis 4 Minuten in der Hühner- oder Gemüsebrühe kochen. Mit Salz, Pfeffer und Muskatnuß würzen. Vom Herd nehmen und pürieren. Die Gelatine ausdrücken und in dem warmen Püree auflösen. Die Sahne schlagen und unter das erkaltete Püree ziehen. Etwa 1 1/2 bis 2 Stunden im Kühlschrank fest werden lassen.
Für die Zabaione etwas Schale der Limette abreiben. Die Eigelbe mit einer Messerspitze Limettenschale, Salz und Pfeffer verrühren. Den Wein unter ständigem Rühren nach und nach zugießen. Den Topf nun in ein Wasserbad stellen und unter weiterem Rühren so lange schlagen, bis die Zabaione dick wird, kochen darf sie jedoch nicht.
Mit einem Eßlöffel kleine Portionen von der Mousse abstechen. Auf vorbereiteten Tellern mit Zabaione, Lachs und Brunnenkresseblättchen anrichten.

Lachse kamen in früheren Zeiten, als die Gewässer noch sauber und Fischen zumutbar waren, so massenhaft vor, daß sie fast als Arme-Leute-Essen galten. Die Bestände gingen jedoch schnell so weit zurück, daß der Lachs zur Delikatesse wurde. Die zurückhaltende Begleitung durch die leichte Mousse bringt den feinen Geschmack des Lachses hervorragend zur Geltung.

Matjes in Curryrahm
Dillhappen

MATJES IN CURRYRAHM
4 Matjesfilets
1 kleine rote Zwiebel
1½ EL cremiger Honig
1–1½ TL Currypulver
6 EL Joghurt natur

Getränkeempfehlung:
Gut gekühltes helles Bier

DILLHAPPEN
2 Bund Dill
500 g Matjesfilet
2 EL Weißweinessig
½–1 TL Zucker
frisch gemahlener weißer Pfeffer
6 EL Öl
1 EL Kapern

MATJES IN CURRYRAHM
Die Matjesfilets, wenn nötig, wässern und in mundgerechte Stücke schneiden. Die Zwiebel abziehen und in hauchdünne Ringe schneiden. Honig mit Curry und Joghurt verrühren, nach Belieben etwas kühl stellen und mit den Matjesfilets, auf denen die Zwiebelringe verteilt werden, anrichten.
Als Vorspeise mit Schwarzbrot servieren. Auf einem Buffet passen kleine, frisch gekochte Pellkartoffeln dazu.

Daß der aus nordischen Gewässern stammende junge zarte Hering sich mit der aus Indien stammenden Gewürzmischung gut verträgt, kann dieses Gericht unter Beweis stellen. Zum echten geschmacklichen Höhenflug trägt nicht zuletzt ein Quantum Honig bei, das der pikanten Sauce beigefügt wird.

DILLHAPPEN
Den Dill waschen, trockentupfen und hacken. Die Matjesfilets in mundgerechte Stücke schneiden. Essig mit Zucker und wenig Pfeffer verrühren. Das Öl unter Rühren zugeben, dann den Dill und die Kapern. Die Matjeshappen mit der Sauce übergießen und abgedeckt einen Tag durchziehen lassen.

Wie heißt es an der Waterkant über den Matjes?
„Dick oder platt,
fett oder satt,
groff oder fien –
man echt mööt sie sin!“
Von Gourmets wird er jedes Jahr ab Mai ungeduldig erwartet.

Krabbencocktail
Fisch in Aspik

KRABBENCOCKTAIL
3 EL Mayonnaise
100 g Quark
2 EL Joghurt natur
2 EL süße Sahne
½ EL Zitronensaft
Salz
frisch gemahlener weißer Pfeffer
2 Msp. Cayennepfeffer
3 Stangen Bleichsellerie
1 Staude Chicorée
2 Frühlingszwiebeln
2 Tomaten
1 Avocado
150–200 g Nordseekrabben

Weinempfehlung:
Trockener Riesling von der Nahe

FISCH IN ASPIK
400 g gekochtes oder gedünstetes Fischfilet (Zander, Hecht oder Barsch)
50 ml Weißwein
6 Blatt weiße Gelatine
½ Liter geklärte Fischkraftbrühe
2 gekochte Karotten
1 Bund Dill
1 unbehandelte Zitrone
2 EL gegarte Erbsen

Getränkeempfehlung:
Krimsekt

KRABBENCOCKTAIL
Mayonnaise, Quark, Joghurt, Sahne und Zitronensaft verrühren. Mit Salz, Pfeffer und Cayennepfeffer würzen. Bleichsellerie, Chicorée, Frühlingszwiebeln und Tomaten waschen und trockentupfen. Bleichsellerie, Chicorée und Frühlingszwiebeln in dünne Scheiben schneiden. Die Tomaten achteln. Die Avocado schälen, halbieren, den Kern entfernen und würfeln. Alle Zutaten in eine Schüssel geben und mit der Quark-Mayonnaise vorsichtig vermischen. In Glaskelche geben und die Krabben in die Mitte häufen. Gekühlt mit Toast oder Baguette servieren.

Die Nordseekrabbe, genaugenommen ist sie eine Garnele, gilt als echte Delikatesse. Auf den Krabbenkuttern, die von März bis Dezember zum Fang auslaufen, werden die Krabben gleich an Bord sortiert, gekocht und bis zum Anlanden kühl gelagert.

FISCH IN ASPIK
Den Fisch in Stücke zerteilen. Den Wein erhitzen. Die Gelatine in kaltem Wasser 10 Minuten einweichen, ausdrücken und in dem warmen Wein auflösen. Die Fischbrühe hinzufügen.
Die Karotten in Scheiben schneiden. Den Dill etwas kleinzupfen. Die Zitrone in dünne Scheiben schneiden, dann vierteln, die Schale, die weiße Haut und die Kerne entfernen.
Eine kalt ausgespülte Form mit einer dünnen Schicht Aspik ausgießen. Fisch, Erbsen, Dill, Zitronenecken, Karottenscheiben schichtweise dekorativ hineingeben und mit der Aspikmasse übergießen. So lange wiederholen, bis alles verbraucht ist. Im Kühlschrank fest werden lassen.

Fischbrühe kann man aus Fischabfällen (Gräten und Köpfen) Suppengemüse, Kräutern, Gewürzen und Wein leicht selbst herstellen. Geklärte Brühe ist aber auch ohne weiteres in gut sortierten Lebensmittelmärkten erhältlich.

Gambas mit katalanischer Sauce

1 getrocknete rote Chilischote
1 große Scheibe Weißbrot ohne Rinde
3–4 Tomaten
1 kleine Zwiebel
3 Knoblauchzehen
10 EL Olivenöl
50 g Mandeln (abgezogen)
Salz, frisch gemahlener schwarzer Pfeffer
¼ TL Rosenpaprikapulver
1 Msp. gemahlener Koriander
etwa 2 EL Sherry-Essig

12 Gambaschwänze mit Schale
1 EL Öl, 1 EL Butter
2 EL trockener Sherry
2 Zweige Koriander

Weinempfehlung:
Vino rosado

Für die Sauce die getrocknete Chilischote in einem kleinen Topf mit heißem Wasser übergießen und 10 Minuten köcheln, anschließend noch ein wenig stehen lassen. Stiel und Samen entfernen. Das Brot würfeln. Die Tomaten mit heißem Wasser übergießen, häuten, entkernen und das Fruchtfleisch in Stücke schneiden. Die Zwiebel und die Knoblauchzehen abziehen. Die Zwiebel würfeln. 3 EL Öl in einer Pfanne erhitzen und Mandeln mit Knoblauchzehen unter Rühren leicht braten und herausnehmen. 2 EL Öl und die Brotwürfel hineingeben, goldgelb werden lassen und ebenfalls herausnehmen. Die Tomaten mit der Zwiebel in die Pfanne geben und einige Minuten scharf braten. Alle Zutaten im Mörser zerstoßen oder mit dem Mixer pürieren. Das restliche Öl nach und nach zugießen. Mit Salz, Pfeffer, Paprikapulver, Koriander und Sherry-Essig abschmecken.
Die Gambas abspülen, trockentupfen und längs halbieren. Die Därme entfernen. Das Öl in einer sauberen Pfanne erhitzen. Die Butter hinzufügen und die Gambas auf jeder Seite 1 bis 2 Minuten braten. Gambas herausnehmen, warm stellen, den Bratensatz mit Sherry lösen. Mit Korianderblättchen garnieren und zusammen mit der katalanischen Sauce auftragen.

Gedämpfte Teigbeutel

Für den Teig:
100 g Mehl
1 Ei
1 TL Öl
Salz

Für die Füllung:
3 getrocknete Tongu-Pilze
150 g Garnelenfleisch
1 Frühlingszwiebel
1 Staude asiatisches Koriandergrün
½–1 EL Speisestärke
½ TL chinesisches Sesamöl
Salz
frisch gemahlener Pfeffer

Für den Teig das Mehl auf die Tischplatte sieben, etwas aufhäufen und in die Mitte eine Mulde drücken. Ei, Öl und Salz hineingeben. Die Zutaten sollten Zimmertemperatur haben. Von innen nach außen vermischen und zu einem homogenen Teig verkneten. Der Teig sollte glatt und seidig sein. Die Teigkugel abgedeckt bei Zimmertemperatur ½ bis 1 Stunde ruhen lassen.
Für die Füllung die Tongu-Pilze mit kochendem Wasser übergießen und 30 bis 40 Minuten quellen lassen. Die Garnelen sehr fein schneiden. Frühlingszwiebel und Koriander waschen und trockentupfen. Die Frühlingszwiebel sehr fein schneiden. Die Blättchen des Korianders fein hacken. Die Pilzhüte ausdrücken und in winzige Stücke schneiden. Alles vermischen. Speisestärke und Sesamöl hinzufügen. Mit Salz und Pfeffer abschmecken.
Den Teig dünn ausrollen und Quadrate von etwa 5 bis 6 cm Seitenlänge ausrollen. Jeweils 1 Teelöffel Füllmasse daraufgeben und den Teig wie einen Beutel nach oben ziehen. In ein Bambuskörbchen geben und über Wasserdampf gar ziehen lassen. Das dauert etwa 8 bis 10 Minuten.

In China werden nach altbewährten Rezepten kleine, in Teig gehüllte Bissen mit einer Unzahl verschiedener Füllungen hergestellt. Sie werden als „Dim Sum“ in Restaurants serviert, man bekommt sie aber auch überall auf den Straßen von fliegenden Händlern angeboten. – Eine weitere Variation für die Füllung kann gehacktes Schweinefleisch mit Pilzen, Chinakohl und Koriander sein, gut gewürzt mit Paprikapulver, Salz und Pfeffer oder auch eine Mischung aus Schweinefleisch, Fisch, Garnelen, Frühlingszwiebeln, Ingwer und Knoblauch. Auch Wasserkastanien oder Bambussprossen sind eine beliebte Zutat.

Tintenfisch in Wein

750 g junger Tintenfisch, frisch oder tiefgekühlt
2 Zwiebeln
2 Knoblauchzehen
2 Tomaten
1 rote Paprikaschote
4 EL Olivenöl
1 EL Tomatenmark
gut 1/4 Liter Rotwein
Salz
frisch gemahlener schwarzer Pfeffer
1/2 TL getrockneter Oregano
1 Lorbeerblatt
1 Nelke
1 Bund glatte Petersilie

Tip:
Tiefgekühlten Tintenfisch 1 bis 2 Stunden bei Zimmertemperatur auftauen und in 5 bis 10 Minuten gar kochen.

Weinempfehlung:
Griechischer Landwein, möglichst der gleiche, der zum Kochen genommen wurde.

Den Tintenfisch gut waschen, aufschneiden und das Kalkblatt mit Eingeweiden und Tintenbeutel entfernen. Den Tintenfisch in einen Topf geben. Im eigenen Saft abgedeckt 20 Minuten garen, bis die Flüssigkeit ganz verdampft ist. Den Tintenfisch in Stücke schneiden.

Die Zwiebeln und die Knoblauchzehen abziehen. Die Zwiebeln würfeln und die Knoblauchzehen hacken. Die Tomaten überbrühen, häuten und hacken. Die Paprikaschote entkernen, von den Zwischenwänden befreien und in Streifen schneiden. Das Öl in einem Topf erhitzen, die Zwiebeln darin andünsten, Knoblauch, Paprikaschote, Tomaten, Tomatenmark und Tintenfisch hinzufügen. Mit dem Rotwein ablöschen. Mit Salz, Pfeffer und Oregano würzen. Lorbeerblatt und Nelke hineingeben. Zugedeckt bei mäßiger Temperatur 1 1/2 Stunden garen.

Das Lorbeerblatt und die Nelke entfernen. Die Petersilie hacken und unterrühren.

In den Ländern rund um das Mittelmeer gehört Tintenfisch, der in zahlreichen Variationen zubereitet wird, auf den Speiseplan. Diese schmackhafte Vorspeise stammt aus der griechischen Inselwelt.

1992

Muschelcocktail

2 kg Miesmuscheln
1 Zwiebel
1 Knoblauchzehe
2 große Tomaten
½ Bund glatte Petersilie
5–7 EL Olivenöl
knapp ½ Liter trockener Weißwein
Salz
frisch gemahlener schwarzer Pfeffer
1 TL getrocknete Kräuter der Provence
1 Schalotte
1 Frühlingszwiebel
3 Zweige frische Minze
1 Zitrone
4 Salatblätter

Weinempfehlung:
Weißer Bordeaux

Die Muscheln gründlich waschen und bürsten. Muscheln, die geöffnet sind, wegwerfen. Die Zwiebel und die Knoblauchzehe abziehen. Die Zwiebel würfeln und die Knoblauchzehe zerdrücken. Die Tomaten überbrühen, häuten, entkernen und kleinschneiden. Die Petersilie waschen, die Blättchen von den Stielen zupfen und hacken.
Etwa die Hälfte des Öls in einem großen Topf erhitzen. Die Zwiebel andünsten, Knoblauch, 1 Tomate und Muscheln hinzufügen und mit dem Wein ablöschen. Salz, Pfeffer und Kräuter der Provence dazugeben, zugedeckt 5 bis 7 Minuten kochen lassen. Den Topf einmal kräftig schütteln, damit alle Muscheln gleichzeitig garen und sich öffnen. Muscheln, die geschlossen bleiben, wegwerfen. Nach dem Abkühlen die Muscheln aus den Schalen lösen.
Die Schalotte abziehen und fein hacken. Die Frühlingszwiebel waschen und in dünne Ringe schneiden. Die Minze waschen, die Blätter von den Stielen zupfen und hacken. Einige kleine Blättchen für die Garnitur zurückbehalten. Den Saft der Zitrone auspressen. Zitronensaft mit Salz und Pfeffer verrühren. Das restliche Olivenöl hinzufügen, eventuell noch 1 Eßlöffel Muschelsud. Die restliche Tomate mit der Minze, Schalotte und Frühlingszwiebel vermischen und dazugeben.
Cocktailschalen mit einem Salatblatt auslegen, das Muschelfleisch hineingeben und mit der Salatsauce übergießen. Mit einem Minzblättchen garnieren. Dazu schmeckt Baguette.

Den Muschelsud nicht wegschütten, denn daraus wird im Handumdrehen eine feine Suppe für 2 Personen. Dazu den Sud durch ein Tuch filtern, um mögliche Verunreinigungen wie Sand zurückzuhalten. Wieder in den gereinigten Topf geben, zum Kochen bringen und vom Herd nehmen. 150 ml Crème double mit 2 Eigelb verquirlen und unter Rühren in die Brühe geben. Nicht mehr kochen lassen. 100 g Nordseekrabben hinzufügen, mit Salz, Pfeffer und Cayennepfeffer würzen und, mit gehackter Petersilie oder Dill bestreut, servieren.

Miesmuscheln im Teigmantel

1 kg Miesmuscheln
1 Zwiebel
1 Knoblauchzehe
1 große Tomate
2 Zweige glatte Petersilie
2–3 EL Olivenöl
¼ Liter trockener Weißwein
Salz, frisch gemahlener schwarzer Pfeffer

Für den Teigmantel:
40 g Mehl
4 EL trockener Weißwein
4 EL Wasser
1–2 EL Öl
Salz, Pfeffer
¾ Liter Öl zum Ausbacken der Muscheln
einige Salatblätter
1 Zitrone

Weinempfehlung:
Gros Plant von der Loire

Die Muscheln gründlich waschen und bürsten. Muscheln, die geöffnet sind, wegwerfen. Die Zwiebel und die Knoblauchzehe abziehen. Die Zwiebel würfeln und die Knoblauchzehe zerdrücken. Die Tomate überbrühen, häuten und in Stücke schneiden. Die Petersilie waschen und hacken.
Das Olivenöl in einem großen Topf erhitzen und die Zwiebel andünsten. Nach 3 Minuten Knoblauch und Tomate hinzufügen, nach weiteren 3 Minuten Muscheln und Petersilie. Mit dem Wein ablöschen. Salzen, pfeffern und zugedeckt etwa 5 bis 7 Minuten kochen lassen, bis sich die Muscheln öffnen.
Während des Kochens den Topf kräftig schütteln, damit die Muscheln gleichmäßig gar werden. Muscheln, die nach dem Kochen nicht geöffnet sind, wegwerfen. Abkühlen lassen und die Muscheln aus den Schalen lösen.
Für den Teigmantel Mehl, Weißwein, Wasser und Öl verrühren. Mit Salz und Pfeffer würzen und 10 Minuten ruhen lassen. Die Muscheln in den Teig tauchen, auf einen Schaumlöffel legen und schwimmend in heißem Öl ausbacken. Das dauert etwa 1 bis 2 Minuten. Auf Haushaltspapier kurz abtropfen lassen.
Eine Schale oder Portionsteller mit Salatblättern auslegen und die Muscheln in die Mitte häufen. Mit Zitronenecken garnieren. Nach Belieben mit einer Remouladensauce servieren.

Aceto balsamico di Modena
500 ml e
ICE KLIPFEL
PINOT NOIR

Vorspeisen mit Geflügel, Wild und Fleisch

Linsen mit geräucherter Gänsebrust

100 g Puy-Linsen
1 Zwiebel
1 Knoblauchzehe
1 Lauchstange
60 g Schinkenspeck
1 EL Butter
Salz
frisch gemahlener schwarzer Pfeffer
2 EL Weißweinessig
½ TL Zucker
1 Msp. Currypulver
½ TL getrockneter Thymian
2 Zweige Kerbel
160 g geräucherte Gänsebrust

Weinempfehlung:
Pinot noir

Die Linsen in ½ Liter Wasser einige Stunden einweichen. Die Zwiebel und die Knoblauchzehe abziehen. Die Zwiebel fein würfeln. Den Lauch längs aufschneiden, gründlich waschen und in schmale Ringe schneiden. Den Schinkenspeck würfeln und in einem Topf etwas auslassen. Die Zwiebel hinzufügen, dann den Lauch. Mit der Butter einige Minuten andünsten. Die Linsen mit dem Einweichwasser und der Knoblauchzehe dazugeben und 35 bis 40 Minuten köcheln lassen. Mit Salz, Pfeffer, Essig, Zucker, Currypulver und Thymian gut abschmecken. Die Knoblauchzehe entfernen. Den Kerbel waschen, die Blättchen von den Stielen zupfen und trockentupfen.
Auf Portionstellern mit der geräucherten Gänsebrust anrichten und mit den Kerbelblättchen garnieren.

Von alters her schätzen Menschen stärkende und sättigende Gerichte mit Hülsenfrüchten. So kann man in der Bibel lesen, daß Jakob seinem Bruder das Erstgeburtsrecht für ein Linsengericht abluchste. Puy-Linsen aus Frankreich sind wegen ihres feinen Geschmacks hoch geschätzt.

Lecker und leicht mit Leber

GEFLÜGELLEBER IN BALSAMESSIG
300 g Geflügelleber
1½ EL Mehl
1 EL Öl
1 EL Butter
2 Zweige glatte Petersilie
1 EL doppelt oder dreifach konzentriertes Tomatenmark
¼ Liter Gemüse- oder Geflügelbrühe
1½–2 EL Balsamessig
Salz
frisch gemahlener weißer Pfeffer
12–16 eingelegte Silberzwiebeln aus dem Glas

PUTENLEBER MIT PREISELBEEREN
300 g Putenleber
1 TL Mehl
1 EL Öl
20 g Butter
Salz
frisch gemahlener schwarzer Pfeffer
4–6 EL eingemachte Preiselbeeren

GEFLÜGELLEBER IN BALSAMESSIG

Die Leber putzen, waschen, trockentupfen und zart mit etwa ½ EL Mehl bestäuben. Das Öl in einer Pfanne erhitzen, die Butter hinzufügen und die Geflügelleber beidseitig je nach Größe und Dicke etwa 3 Minuten braten. Die Petersilie hacken. Die Leber herausnehmen und warm stellen. Das verbleibende Mehl in das Bratfett streuen. Tomatenmark dazugeben und durchschmoren lassen. Mit Brühe und Balsamessig ablöschen, mit Salz und Pfeffer abschmecken, 6 bis 8 Minuten köcheln lassen. Die Silberzwiebeln und die Leber hineingeben und kurz erhitzen, aber nicht kochen lassen. Mit der Petersilie bestreut servieren. Toast, Baguette oder Kartoffelplätzchen dazu reichen.

Ein ganz besonderer Essig, der Aceto balsamico, wird nach altbewährter Tradition seit Jahrhunderten in Oberitalien bereitet. Sein Geheimnis liegt in der mehrere Jahre bis Jahrzehnte dauernden Reifung in Holzfässern. Diese lagern nicht im Keller, sondern auf luftigen Dachböden.

PUTENLEBER MIT PREISELBEEREN

Die Putenleber putzen, waschen, trockentupfen und ganz zart mit Mehl bepudern. Das Öl in einer Pfanne erhitzen, die Butter hinzufügen und die Leber beidseitig je etwa 4 Minuten braten. Salzen und pfeffern, dann herausnehmen und warm stellen. Den Bratfond mit den Preiselbeeren ablöschen. Die Leber dekorativ mit den Preiselbeeren und einem kleinen Salat aus Friseeblättchen anrichten.

Der Name der roten Preiselbeeren leitet sich von dem slawischen Wortstamm „brus“ ab, das in anderer Verbindung soviel wie „abstreichen“ bedeutet. Die Preiselbeeren wurden früher durch Abkämmen mit einem speziellen Gerät geerntet. Gekocht kommt der herb-säuerliche Geschmack erst recht zur Geltung und paßt ausgezeichnet zu Wild- und Geflügelgerichten.

Hähnchenbrustfilet mit rosa Grapefruit

Für die Sauce:
1 Eigelb
1 TL Senf
1 EL Zitronensaft
2–3 EL cremiger Naturjoghurt
2 EL Kräuter-Crème-fraîche
Salz
frisch gemahlener weißer Pfeffer

1 ½ EL Olivenöl
½ EL Butter
etwa 300 g Hähnchenbrustfilet
Salz
frisch gemahlener weißer Pfeffer
1 Msp. Cayennepfeffer
1 rosa Grapefruit
einige Blätter Friséesalat
1 reife Avocado

Weinempfehlung:
Aligoté aus dem Burgund

Für die Sauce Eigelb mit Senf, Zitronensaft, Joghurt und Kräuter-Crème-fraîche verrühren. Mit Salz und Pfeffer abschmecken.
Das Öl in einer Pfanne erhitzen und die Butter hinzufügen. Das Hähnchenbrustfilet hineingeben und beidseitig je etwa 8 bis 10 Minuten bei mittlerer Temperatur braten. Mit Salz, Pfeffer und wenig Cayennepfeffer würzen. Nach dem Erkalten in Scheiben schneiden.
Die Grapefruit rundherum abschälen, so daß die weiße Haut mit entfernt wird. An den Trennhäuten die Fruchtfilets durchschneiden. Den Frisée waschen und trockentupfen. Die Avocado schälen, halbieren, den Kern herauslösen und in dünne Scheiben schneiden. Auf bereitstehenden Tellern Friséesalat, Avocado- und Grapefruitscheiben sowie das Hähnchenbrustfilet anrichten. Mit der Sauce übergießen und sofort servieren.

Diese Vorspeise ist für Auge, Gaumen und Magen gleichermaßen eine runde Sache. Dabei sorgt die Grapefruit für das gewisse Etwas. Gelb- und rosafleischige Grapefruits sind äußerlich schwer zu unterscheiden, die saftigere und dazu noch kernlose „Marsh Rosé" ist lediglich an einer leichten Rosapigmentierung der Schale zu erkennen.

Hasenrückenfilet mit Feldsalat und Walnuss

Für die Walnußsauce:
400 g frische Walnüsse
3–4 Zweige glatte Petersilie
½–1 Schalotte
1 Knoblauchzehe
3–4 EL Balsamessig
100 ml Olivenöl
Salz
frisch gemahlener schwarzer Pfeffer

200 g Feldsalat
1 EL Olivenöl
½ EL Butter
2 Hasenrückenfilets von je etwa 160 g
½ TL getrockneter Thymian
Salz
frisch gemahlener schwarzer Pfeffer
2 weiche Birnen

Weinempfehlung:
Pinot noir aus dem Elsaß

Für die Walnußsauce die Nüsse aufknacken und die feine Haut der Nußkerne abziehen. Die Petersilie waschen, trockentupfen und die Blättchen von den Stielen zupfen. Die Schalotte und die Knoblauchzehe abziehen. Alles mit Essig und Öl im Mixer oder mit dem Schneidstab pürieren und mit Salz und Pfeffer gut abschmecken.
Den Feldsalat gründlich waschen und trockentupfen oder trockenschleudern.
Das Öl in einer Pfanne erhitzen und die Butter hinzufügen. Die Hasenrückenfilets mit Thymian bestreuen, hineingeben und rundum etwa 8 bis 10 Minuten braten, dann salzen und pfeffern.
Die Birnen waschen, halbieren, das Kerngehäuse entfernen und in Scheiben schneiden.
Feldsalat, Birnen und das in schräge Scheiben geschnittene Hasenrückenfilet auf 4 Tellern anrichten und mit der Walnußsauce übergießen.

Rapunzel, wie Feldsalat mancherorts auch genannt wird, hat seine Hauptsaison im Herbst und Winter bis in den Frühling hinein. Die Blattrosetten ergeben einen gesunden und herzhaften Salat.
Auch Meister Lampe hat den Feldsalat schon immer zu schätzen gewußt, besonders wenn es im Winter sonst nichts Gescheites zu fressen gab.

Wildterrine

Für die Marinade:
2 Zwiebeln
1–2 Knoblauchzehen
2 Karotten
1 Stange Bleichsellerie
2 Zweige Petersilie
2 Zweige Thymian
1 Zweig Rosmarin
600 g Reh- oder Hirschfleisch ohne Knochen
2 Lorbeerblätter
5 schwarze Pfefferkörner
2 Nelken
4 Wacholderbeeren
1 Liter Rotwein
80–100 ml Olivenöl

125 g Pfifferlinge
3 Schalotten
2 Frühlingszwiebeln
30 g Butter
1 Scheibe Weißbrot
3 EL süße Sahne
½ Bund glatte Petersilie
400 g frischer Schweinespeck
500 g Kalbsleber
4 EL Cognac
1 Ei, 2 EL Mehl
¼ TL Piment
2 Msp. abgeriebene Muskatnuß
½ TL Pastetengewürz
1 TL getrockneter Thymian
¼ TL gemahlene Nelken
Salz, schwarzer Pfeffer

200 g dünne frische Speckscheiben
1 Thymianzweig
1 Lorbeerblatt

Für die Marinade die Zwiebeln und die Knoblauchzehen abziehen. Die Zwiebeln in Scheiben schneiden und die Knoblauchzehen zerdrücken. Die Karotten schaben und wie den gewaschenen Bleichsellerie in Scheiben schneiden. Die Kräuter waschen und grob zerteilen. Das Fleisch in eine Schüssel oder tiefe Form geben und mit Gemüsen, Kräutern, Lorbeerblättern, Pfefferkörnern, Nelken und Wacholderbeeren bedecken. Rotwein und Olivenöl darübergießen und abgedeckt 15 bis 20 Stunden im Kühlschrank marinieren. Das Fleisch hin und wieder wenden.
Die Pfifferlinge putzen und kleinschneiden. Die Schalotten abziehen und fein würfeln. Die Frühlingszwiebeln in dünne Ringe schneiden. Die Butter erhitzen und die Pfifferlinge mit der Hälfte der Schalotten hineingeben und einige Minuten unter Rühren dünsten. Das Brot entrinden und mit der heißen Sahne übergießen. Die Petersilie hacken.
Das Fleisch aus der Marinade nehmen und abtropfen lassen. Zusammen mit dem frischen Schweinespeck, der Kalbsleber und dem Brot durch die feine Scheibe des Fleischwolfs drehen. Diese Masse mit Pfifferlingen, Petersilie, Schalotten, Frühlingszwiebeln, Cognac, verquirltem Ei, Mehl, Piment, Muskatnuß, Pastetengewürz, Thymian, Nelken vermischen und mit Salz und Pfeffer gut abschmecken.
Eine Terrinenform mit den Speckscheiben auslegen. Die Masse einfüllen, fest andrücken und die Speckscheiben darüberschlagen. Thymianzweig und Lorbeerblatt darauflegen und mit Alufolie und Deckel schließen.
Die Terrine im vorgeheizten Backofen bei 170 °C im Wasserbad etwa 1¾ bis 2 Stunden garen. Das Wasser darf nicht kochen, sondern nur simmern.
Danach Deckel und Folie entfernen, ein Brettchen in der Größe der Terrine darauflegen und mit Gewichten (z.B. Konservendosen) beschweren. 20 bis 24 Stunden gut gekühlt stehen lassen.

Tacos mit Fleischfüllung

1 weiße Zwiebel
2 Knoblauchzehen
1 rote Paprikaschote
1 rote Chilischote
3 Tomaten
2 Frühlingszwiebeln
3 EL Öl oder Schmalz
350 g Hackfleisch
1 EL Tomatenmark
etwa 3 EL Fleischbrühe
1 Msp. Kreuzkümmel
1 Msp. Koriander
1 Msp. Piment
½ TL Oregano
Salz
frisch gemahlener schwarzer Pfeffer
8 frische Minzblätter
8 küchenfertige Tacos (geröstete Maisfladen)

nach Belieben:
Salatblätter
Tomatenschnitze
Zwiebelringe

Die Zwiebel und die Knoblauchzehen abziehen. Die Zwiebel würfeln und die Knoblauchzehen zerdrücken. Die Paprikaschote und die Chilischote waschen, entkernen und von den Zwischenwänden befreien. Die Paprikaschote in dünne Streifen und die Chilischote in kleine Stücke schneiden. Die Tomaten überbrühen, häuten, entkernen und hacken. Die Frühlingszwiebeln waschen und in schmale Ringe schneiden.
Das Öl in einer Pfanne erhitzen. Das Hackfleisch hineingeben und anbraten, Zwiebel und Knoblauch hinzufügen und weiterbraten. Nach einigen Minuten die Tomaten, das Tomatenmark und die Brühe sowie die Paprika- und Chilischote hineingeben, gut würzen und 15 Minuten bei niedriger Temperatur schmoren lassen. Erst 3 Minuten vor Ende der Garzeit die Frühlingszwiebeln hinzufügen. Zum Schluß die streifig geschnittenen Minzblätter. Tacos für etwa 7 bis 8 Minuten in den auf 200 °C vorgeheizten Backofen geben, um sie aufzubacken. Mit der Hackfleischmasse füllen und mit Salatstreifen, Zwiebelringen und Tomatenschnitzen garnieren.

Diese Tacos sind meine Empfehlung an alle, die es gerne feurig scharf haben, denn die knusprigen Fladen haben es gewaltig in sich. Als temperamentvolle Appetitmacher sind sie genau das richtige für ein zwangloses Essen mit Freunden. Man ißt sie nämlich am besten einfach aus der Hand.

Gefüllte Teigröllchen

300 g Yufka (türkische Teigplatten)
1 große Zwiebel
1 Bund glatte Petersilie
350 ml Olivenöl
250 g Rinderhackfleisch
Salz
frisch gemahlener schwarzer Pfeffer
2 Msp. Rosenpaprika
2 Msp. Kreuzkümmel
1 Ei

Variante:
Anstelle der Hackfleischmasse kann man zerbröckelten Schafskäse mit gehacktem Dill und gehackter Petersilie nehmen und mit Paprikapulver abschmecken.

Den Teig auf der Arbeitsfläche ausbreiten. Die Zwiebel abziehen und reiben. Die Petersilie waschen, trockentupfen, die Blättchen von den Stielen zupfen und hacken. 4 EL Olivenöl in einer Pfanne erhitzen. Das Hackfleisch hineingeben und anbraten. Die Zwiebel hinzufügen und etwa 6 Minuten unter Rühren weiterbraten. Vom Herd nehmen und die Petersilie dazugeben. Mit Salz, Pfeffer, Paprikapulver und Kreuzkümmel würzen. Abkühlen lassen, das Ei trennen und das Eigelb untermischen.
Die Teigplatten so auseinanderschneiden, daß Tortenstücke entstehen. Etwa 1 bis 2 Teelöffel Füllung auf das breite Ende geben und aufrollen. Das Ende mit kaltem Wasser oder mit Eiweiß benetzen und festdrücken.
In einer Pfanne das restliche Öl erhitzen und die Teigröllchen goldgelb braten. Auf Küchenpapier abtropfen lassen und servieren.

Knusprig köstliche Teigröllchen, die „Sigara böregi“, gehören in der Türkei zu den beliebtesten Vorspeisen. Der spezielle Teig, „Yufka“, wird von den meisten türkischen Lebensmittelgeschäften angeboten.

Kalbsbraten mit Thunfischsauce

Für etwa 6 Personen

Für den Kalbsbraten:
1 Zwiebel
1 Stück Sellerieknolle von etwa 50 g
1 Karotte
1 Stange Sellerie
1 Zweig Rosmarin
1 Zweig Thymian
1 kg Kalbfleisch aus der Keule
Salz
Pfeffer

Für die Thunfischsauce:
1 Dose Thunfisch natur von 150 g
4 in Öl eingelegte Sardellenfilets
2 Eigelb
1 EL Zitronensaft
2 EL Weißwein
1 EL Weißweinessig
125 ml gutes Olivenöl
2–3 EL Kapern
Salz
frisch gemahlener schwarzer Pfeffer
6 Salatblättchen

Zum Garnieren:
Zitronenscheiben, Cornichons, Eiviertel

Für den Kalbsbraten die Zwiebel abziehen und grob zerteilen. Die Sellerieknolle waschen, putzen und würfeln. Die Karotte schaben und mit der Selleriestange in Scheiben schneiden. 3/4 Liter Wasser mit dem Gemüse und den Kräutern zum Kochen bringen. Das Fleisch hineinlegen und abgedeckt etwa 1 Stunde bei mäßiger Temperatur garen lassen. Mit Salz und Pfeffer würzen. Nach dem Erkalten in dünne Scheiben schneiden.
Für die Thunfischsauce den Thunfisch, Sardellenfilets, Eigelb, Zitronensaft, Wein und Essig mit dem Schneidstab pürieren. Das Olivenöl nach und nach zugießen. Die Kapern unterziehen und mit Salz und Pfeffer abschmecken. Die Salatblätter auf Teller verteilen. Je 2 Bratenscheiben dekorativ darauf anrichten und die Sauce halb darübergießen oder separat dazu reichen. Mit Zitronenscheiben, Cornichons und Eivierteln garnieren.

In der Lombardei, ebenso wie im Piemont, ist dieses Gericht sehr beliebt. Bevorzugt wird das Fleisch von jungen Kälbern. Eine Besonderheit ist das vom noch nicht ein Jahr alten „vitello da latte", dem Milchkalb. Um das kulinarische Vergnügen abzurunden, empfiehlt sich der Franciacorta Pinot, ein guter Weißwein, der auch gern zu Vorspeisen genommen wird. Oder man wählt einen Franciacorta rosso, ein leichter Roter, der auch mit hellem Fleisch eine angenehme Verbindung eingeht.

Kalbszunge mit grüner Sauce

Während in die Frankfurter Grüne Sauce mindestens sieben frische Kräuter gehören, gibt sich die italienische Salsa verde auch mit weniger zufrieden. Die von uns hier gewählten duften, schmecken gut und stärken außerdem die Gesundheit. Was Ihnen hier mit Kalbszunge serviert wird, können Sie öfters auf Ihrer Zunge zergehen lassen.

Für die grüne Sauce:
2 Eier
2 Bund gemischte Kräuter, z.B. glatte Petersilie, Kerbel, Estragon, Schnittlauch
1 Knoblauchzehe
4 in Öl eingelegte Sardellenfilets
8 EL Olivenöl
1 EL Kapern
1 EL Zitronensaft
Salz
frisch gemahlener schwarzer Pfeffer

12 Scheiben gekochte gepökelte Kalbszunge

Weinempfehlung:
Riesling Kabinett aus der Pfalz

Für die grüne Sauce die Eier in 10 Minuten hart kochen, abschrecken und das Eigelb herausnehmen. Die Kräuter waschen, trockentupfen und die Blättchen von den Stielen zupfen. Einige für die Garnitur zurückbehalten. Die Knoblauchzehe abziehen. Eigelb, Kräuter, Sardellenfilets, Knoblauchzehe, Olivenöl, Kapern und Zitronensaft mit dem Schneidstab pürieren. Mit Salz und Pfeffer würzen.
Die Kalbszungenscheiben auf Tellern anrichten und die grüne Sauce dazugießen. Mit Kerbel- oder Estragonblättchen garnieren.

Lammspiesse

Für 8 Personen

1 kg entbeinte Lammkeule

Für die Marinade:
2 TL Kreuzkümmel
1 TL Koriander
1 unbehandelte Zitrone
1 EL Harissa
12 EL Olivenöl
Salz
frisch gemahlener
schwarzer Pfeffer

Zum Garnieren:
Kirschtomaten, kleine
Zwiebelchen, eingelegte
Pfefferschoten

Das Fleisch von Haut und Sehnen befreien und in 2,5 bis 3 cm große Würfel schneiden.
Für die Marinade Kreuzkümmel und Koriander in einer trockenen Pfanne anrösten, aber nicht schwarz werden lassen, zerstoßen oder mahlen. Etwas Schale der Zitrone abreiben, um 2 Messerspitzen davon zu erhalten, den Saft auspressen. Harissa mit 8 EL Wasser verrühren. Die restlichen Zutaten für die Marinade hinzufügen. Das Fleisch in eine Porzellan- oder Glasschüssel geben und mit der Marinade übergießen. Zugedeckt für einen Tag und eine Nacht in den Kühlschrank stellen. Hin und wieder wenden.
Das Fleisch, nachdem es Zimmertemperatur angenommen hat, auf kleine Spieße stecken und auf dem Rost beidseitig etwa 3 Minuten grillen. Es ist dann innen noch rosa. Salzen und pfeffern. Mit gegrillten kleinen Tomaten, vorzugsweise Kirschtomaten, und kleinen Zwiebelchen sowie eingelegten Pfefferschoten und Fladenbrot sofort auftragen.

Gewürze spielen in den Ländern Nordafrikas eine große Rolle. Man liebt scharfe Speisen. Harissa, manchenorts auch Arhissa genannt, ist eine feurige Paste, die in jeder Küche zum Würzen bereitgehalten wird. Man kann sie in Spezialgeschäften bekommen. Es ist aber auch gar nicht schwer, sie selbst herzustellen. Dazu braucht man 1 frische, gehäutete und entkernte rote Paprikaschote, 1 bis 2 frische (oder getrocknete), entkernte rote Chilischoten, 1 Knoblauchzehe, 1 Teelöffel Kreuzkümmel, 1/2 Teelöffel Korianderpulver, Salz und etwa 8 Eßlöffel Olivenöl. Alle Zutaten im Mörser zerstoßen. Nach und nach mit Öl vermischen, so daß eine Paste entsteht. Ein besonderes Aroma bekommt die Paste, wenn Koriander und Kreuzkümmel vor dem Mischen in einer Pfanne unter ständigem Rühren geröstet werden. Die Konsistenz einer guten Harissa sollte etwa wie die einer Mayonnaise sein.

Teigfladen mit Lammfleisch

Für den Teig:
120 g Mehl
10 g Hefe
½ TL Zucker
50 ml warmes Wasser
1 EL Olivenöl
Salz

Für den Belag:
2 Tomaten
1 Zwiebel
½ rote Peperoni
½ grüne Peperoni
½ Bund glatte Petersilie
½ unbehandelte Zitrone
3 EL Olivenöl
150 g Hackfleisch vom Lamm
2 TL Tomatenmark
1–2 EL Brühe
Salz
frisch gemahlener schwarzer Pfeffer
1–2 Msp. Paprikapulver
2 Msp. Zimt
1 EL Pinienkerne
Butter für das Backblech

Für den Teig das Mehl in eine Schüssel sieben, in die Mitte eine Vertiefung drücken, die Hefe hineinbröckeln und den Zucker darüberstreuen. Die Hefe mit dem Wasser verrühren, etwas Mehl darüberstäuben und an einem warmen Ort 15 bis 20 Minuten gehen lassen. Olivenöl und Salz dazugeben und verkneten, abgedeckt nochmals 20 Minuten gehen lassen.
Für den Belag die Tomaten überbrühen, häuten, entkernen und hacken. Die Zwiebel abziehen und fein würfeln. Peperoni entkernen, von den Zwischenwänden befreien und sehr klein schneiden. Die Petersilie waschen, trockentupfen, die Blättchen von den Stielen zupfen und hacken. Die Zitrone waschen, trockentupfen und etwas Schale abreiben, den Saft auspressen. Das Öl in einer Pfanne erhitzen. Das Fleisch anbraten. Zwiebel und Peperoni hinzufügen und einige Minuten weiterbraten. Tomaten, Tomatenmark und Brühe dazugeben.
10 Minuten schmoren lassen.
Mit Salz, Pfeffer, Paprikapulver und Zimt würzen, die Petersilie und die Pinienkerne hinzufügen.
Mit 1 Teelöffel Zitronensaft und 1 Messerspitze Zitronenschale abschmecken.

Den Teig auf einer mit wenig Mehl bestreuten Arbeitsfläche ausrollen und mit Hilfe eines Ausstechers kleine Fladen von etwa 8 cm Durchmesser formen. Ein Backblech einfetten, die Teigscheiben darauflegen und nochmals einige Minuten ruhen lassen. Die Fleischmischung auf die vorbereiteten Teigfladen verteilen und für 15 Minuten in den auf 200 bis 220 °C vorgeheizten Backofen stellen.

Der Libanon galt früher, vor Ausbruch des Bürgerkriegs, als die Schweiz des Vorderen Orients. Die Bevölkerung besteht jeweils zur Hälfte aus Christen und Muslimen. Die Hauptmahlzeit im Kreise der ganzen Familie beginnt mit Mezze. Libanesische Spezialitäten wie diese „Sfiha“ gehören obligatorisch dazu. Die Teigfladen, kleinen Pizzen ähnlich, lassen sich zur Abwechslung mit verschiedenen Gemüsen belegen. Den gleichen Teig benutzt man übrigens auch zum Backen der flachen arabischen Brote.

Vorspeisen für besondere Anlässe

Internationaler Vorspeisenteller

Für 8 Personen

Für die Soleier:
75 g Salz für die Lake
½ EL Kümmel
1 EL Senfkörner
3 weiße Pfefferkörner
½–1 EL Zucker
1 Zwiebel und
Zwiebelschalen
4 Eier
1 EL Senf
Salz
frisch gemahlener
weißer Pfeffer
2 EL Öl
2 TL Essig

Für die Avocadocreme:
½ unbehandelte Zitrone
2–3 Avocados (möglichst
birnenförmige Früchte)
2 TL Dijon-Senf
5 EL Kräuter-Frischkäse
Salz
frisch gemahlener
schwarzer Pfeffer

⅛ Liter süße Sahne
6 TL Meerrettich
1 Cantaloupe-Melone
8 eingelegte Artischockenherzen
200 g Graved Lax
(eingelegter Lachs)
3 Zweige Dill
8 Scheiben Serrano-Schinken

Weinempfehlung:
Prosecco, Weißherbst oder Elsässer Pinot blanc

Für die Soleier einige Tage vorher das Salz mit Kümmel, Senfkörnern, zerstoßenen Pfefferkörnern, Zucker, Zwiebel, Zwiebelschalen in einen Topf geben und mit 1 Liter Wasser aufkochen. Die Eier anpiksen und dazugeben. 10 Minuten kochen lassen, herausnehmen und in kaltem Wasser abschrecken. Die Eierschalen leicht anschlagen und die Eier wieder für einige Tage in die Sole legen.
Anschließend die Eier von der Schale befreien und längs halbieren. Das Eigelb herausnehmen. Mit Senf, Salz, Pfeffer, Öl und Essig vermischen und die Eihälften damit füllen.
Für die Avocadocreme etwas Schale der Zitrone abreiben und den Saft auspressen. Die Avocados schälen, den Kern entfernen und das Fruchtfleisch mit Zitronensaft, Zitronenschale, Dijon-Senf, Kräuter-Frischkäse, Salz und Pfeffer pürieren.
Die Sahne mit dem Meerrettich halbsteif schlagen.
Die Melone vierteln, schälen, Kerne entfernen und die Viertel nochmals halbieren.
Auf 8 bereitstehenden Tellern im Uhrzeigersinn Soleier mit Avocadocreme, eingelegte Artischockenherzen, Graved Lax mit Meerrettichsahne und Dill, Cantaloupe-Melonenscheibe und Serrano-Schinken anordnen.
Möglichst sofort servieren, da die Avocado-Creme durch Lufteinwirkung schnell grau wird.

Artischocken, Schinken und Sherrycreme

Das Abknabbern der Herzteilchen an den herausgerissenen Blattenden der Artischocke ist ein Genuß, der sich ziemlich in die Länge ziehen kann. Nach der Entblätterung genießt man dann – mit weniger Aufwand – das nunmehr freigelegte Herz. Eilige können sich die von den lästigen Blättern befreiten Herzen in Gläsern oder Dosen direkt zugute kommen lassen. Das feinherbe Aroma der Artischockenherzen und -böden sowie ihre besonderen Inhaltsstoffe wie Cynarin, Eiweiß, Calcium und Eisen, Provitamin A und Vitamin B1 lohnen aber in jedem Fall die Mühe der Zubereitung. Kenner behaupten außerdem, Artischocken seien gut für die Augen. Also, ehe es zu spät ist…

½ unbehandelte Zitrone
125 ml süße Sahne
3 EL Mayonnaise
1 EL cremiger Naturjoghurt
2 EL trockener Sherry
Salz
frisch gemahlener weißer Pfeffer
12 junge Artischockenherzen, frisch zubereitet oder aus der Dose
8 Scheiben Serrano-Schinken

Getränkeempfehlung:
Trockener Sherry

Die Zitrone waschen, trockentupfen und einen Teil der Schale abreiben, den Saft auspressen. Die Sahne halbsteif schlagen. Mayonnaise, Joghurt, Sherry, Zitronensaft und Zitronenschale verrühren. Die Sahne unterziehen und mit Salz und Pfeffer abschmecken.
Die Artischockenherzen mit Serrano-Schinken auf einem Teller anrichten. Die Sauce dazugeben oder gesondert dazu reichen.

Steinpilz-Küchlein

Für 6 Personen

2–3 g getrocknete Steinpilze
6 EL Hühnerbrühe
1 Zwiebel
1 Knoblauchzehe
1 Karotte
1 Bund glatte Petersilie
250 g frische Steinpilze
2 Eier, 1 Eigelb
Salz
2 EL Öl, 1 EL Butter
40–50 g Mehl
200 g frisch geriebener Emmentaler
1–2 Msp. Thymian
schwarzer Pfeffer
abgeriebene Muskatnuß
1–2 Tropfen Tabasco
Öl zum Braten

Weinempfehlung:
Pinot noir aus dem Elsaß

Die getrockneten Steinpilze mit der heißen Hühnerbrühe übergießen und ½ Stunde einweichen oder bei 360 Watt 6 Minuten in die Mikrowelle geben. Die Zwiebel und die Knoblauchzehe abziehen. Die Zwiebel hacken und die Knoblauchzehe zerdrücken. Die Karotte schaben und fein raspeln. Die Petersilie waschen, trockentupfen und hacken. Die Steinpilze putzen und kleinschneiden. Die Eier trennen. Das Eiweiß mit 1 Messerspitze Salz versehen und steif schlagen.
Das Öl in einer Pfanne erhitzen und die Butter hinzufügen. Die Zwiebel andünsten. Karotte, Knoblauch und Steinpilze nacheinander dazugeben. Das Mehl darüberstreuen, kurz durchrühren und alles in eine Schüssel geben. Eigelb und Käse sowie Petersilie und Thymian unterrühren. Mit Salz, Pfeffer, Muskatnuß und Tabasco abschmecken. Den Eischnee unterziehen.
Die Pfanne säubern und Öl hineingeben. Erhitzen, jeweils 1 Eßlöffel Masse hineingeben und zu möglichst gleichmäßig runden Küchlein formen. Beidseitig braten, etwa 5 Minuten je Seite. Auf einer Platte anrichten. Warm schmecken sie am besten.

SCHNECKEN IN LAUCHCREME

1 Zwiebel
2 Knoblauchzehen
1 Karotte
1 Lauchstange
½ Bund glatte Petersilie
1–2 EL Soja- oder Sonnenblumenöl
1 EL Butter
⅜ Liter Hühnerbrühe
2–3 EL Kokosnußcreme (Dose)
Salz
frisch gemahlener schwarzer Pfeffer
2 Msp. Muskatblüte (Macis)
20–24 Achatschnecken (Dose)
etwas Brühe zum Erhitzen der Schnecken

Weinempfehlung:
Weißherbst aus der Pfalz

Die Zwiebel und die Knoblauchzehen abziehen. Die Karotte schaben. Die Lauchstange aufschneiden und gut waschen.
Die Petersilienblättchen von den Stielen zupfen. Gemüse und Kräuter grob zerteilen und pürieren.
Das Öl in einem weiten Topf erhitzen, die Butter hinzufügen und den Gemüsebrei darin andünsten. Mit Brühe auffüllen, mit Kokosnußcreme verfeinern und mit Salz, Pfeffer und Muskatblüte abschmecken. Es soll eine dicke, cremige Konsistenz entstehen.
Die Schnecken kurz in Brühe erhitzen und jeweils in die Tellermitte geben. Die Lauchcreme auf die Teller verteilen und sofort servieren. Baguettescheiben dazu reichen.

Weinbergschnecken haben in unseren Breiten schon seit dem Altertum einen guten Namen. Heute werden die in den tropischen Urwäldern beheimateten, ebenso leckeren Achatschnecken auch in Schneckenfarmen gezüchtet und in alle Welt exportiert. Sie sind als vorgekochte Konserve im Fachhandel erhältlich.

Zweierlei Schlemmerdips

MEXIKANISCHES AVOCADO-PÜREE
1 kleine Zwiebel
1 rote Chilischote
1 Tomate
½–1 unbehandelte Limette
3 Zweige Koriander
2 Avocados
Salz

KICHERERBSENPÜREE MIT SESAMPASTE
150 g getrocknete Kichererbsen
1–2 Knoblauchzehen
1 Bund glatte Petersilie
½ Zitrone
2 EL Tahin (Sesampaste)
Salz
½ TL Kreuzkümmel
Cayennepfeffer
1 EL Olivenöl
1–2 EL Granatapfelkerne

MEXIKANISCHES AVOCADO-PÜREE
Die Zwiebel abziehen und sehr fein würfeln. Die Chilischote waschen, aufschneiden, Kerne und Zwischenwände entfernen. Die eine Hälfte kleinschneiden, die andere Hälfte in Ringe schneiden. Die Tomate überbrühen, häuten, entkernen und hacken. Die Limette waschen, trockentupfen und etwas Schale abreiben. Den Saft auspressen. Den Koriander waschen, trockentupfen, die Blättchen von den Stielen zupfen und hacken.
Die Avocados schälen, halbieren, die Kerne herauslösen, die Hälften mit Limettensaft beträufeln und mit einer Gabel zerdrücken oder auch pürieren. Alle Zutaten vermischen. Mit Salz abschmecken und sofort servieren.
Dazu reicht man gern Tacos.

Avocado, die Baumfrucht „ahuacatl“ der Azteken und Mayas, läßt sich dank ihres zurückhaltenden, leicht nußartigen Geschmacks in vielen Varianten von süß bis sauer und von milde bis pikant zubereiten. Sie wird fast ausschließlich in rohem Zustand verarbeitet. So auch hier in der beliebten „guacamole“.

KICHERERBSENPÜREE MIT SESAMPASTE
Die Kichererbsen waschen und über Nacht einweichen. Am nächsten Tag im Einweichwasser aufsetzen und bei mäßiger Hitze abgedeckt etwa 1 Stunde kochen lassen, bis sie weich sind. Das hängt im wesentlichen vom Alter, aber auch von der Sorte ab. Die Kichererbsen abgießen, dabei etwas Kochwasser auffangen, und mit dem Schneidstab pürieren. Die Knoblauchzehen abziehen und zerdrücken. Die Petersilie waschen, trockentupfen und hacken, etwas für die Garnitur zurückbehalten. Die Zitrone auspressen. Kichererbsen, Tahin, Knoblauch, Petersilie und Zitronensaft gut verrühren. 2 bis 3 Eßlöffel Kochwasser dazugeben, es sollte eine streichfähige Masse sein. Mit Salz, Kreuzkümmel und Cayennepfeffer abschmecken. In einer Schale anrichten. Mit etwas Olivenöl beträufeln, mit Petersilienblättchen und Granatapfelkernen verzieren.
Gerne reicht man dazu Fladenbrot.

Grüner Spargel auf Lasagne

400–500 g grüner Spargel
½ TL Zucker
10 g Butter
Salz
1 EL Öl
4 Lasagneblätter

Für die Sauce:
125 g Butter
4 Eigelb
1 TL Zitronensaft
6 EL Weißwein
1 Msp. getrockneter Thymian
1 Msp. getrocknetes Basilikum
frisch gemahlener weißer Pfeffer

Weinempfehlung:
Muscadet

Den Spargel putzen, waschen und zusammenbinden. Einen Topf mit ¾ Liter Wasser, Zucker und Butter zum Kochen bringen, salzen und den Spargel hineingeben. Abgedeckt weich kochen. Das dauert je nach Stärke der Spargelstangen etwa 12 bis 18 Minuten. Abtropfen lassen und warm halten.

Gut 1 Liter Wasser mit 1 Eßlöffel Öl zum Kochen bringen, salzen und die Lasagneblätter nach Packungsanleitung etwa 10 Minuten bißfest kochen. Herausnehmen, auf einem Tuch ausbreiten und warm halten.

Für die Sauce die Butter in einem kleinen Topf schmelzen lassen und vom Herd nehmen. Eigelb mit Zitronensaft, Weißwein, 1 Eßlöffel Spargelbrühe und den Gewürzen in einen Topf geben und im Wasserbad aufschlagen. Zum Schluß nach und nach die geschmolzene, lauwarme Butter hinzufügen. Die Spargelstangen auf dem Lasagneblatt auf einem vorgewärmten Teller anrichten und die Sauce darübergießen.

Seit Jahrtausenden wird Spargel wegen seiner blutreinigenden und entwässernden Eigenschaften als Heilpflanze, aber auch als Delikatesse hoch geschätzt. Brechen die Spargelköpfe erst einmal durch die Erdkruste, verfärben sie sich durch Einwirkung des Sonnenlichts sehr schnell. Erst seit dem vorigen Jahrhundert wurde es üblich, den Spargel unter der Erde als Bleichspargel zu stechen. Doch in vielen Ländern wird heute noch der grüne Spargel bevorzugt. Er besitzt ein kräftiges Aroma und ein bedeutendes Mehr an Vitamin C.

Soufflérolle mit Brunnenkresse

35 g Butter
1 EL Dinkelvollkornmehl
1½ EL Speisestärke
¼ Liter heiße Milch
4 Eier
Salz
frisch gemahlener
weißer Pfeffer
abgeriebene Muskatnuß
100 g Ricotta

Für die Füllung:
200 g Brunnenkresse
3–4 EL Crème fraîche
Salz
Pfeffer

Weinempfehlung:
Trockener Riesling aus dem Rheingau

Ein Blech mit Backpapier auslegen. Die Butter in einem Topf zerlassen. Das Mehl und die Speisestärke hineinstreuen und gelb durchschwitzen lassen. Die Milch unter Rühren hinzufügen und etwa 5 Minuten köcheln lassen. Vom Herd nehmen. Die Eier trennen. Das Eiweiß salzen und steif schlagen. Etwas von der weißen, dickflüssigen Masse aus dem Topf in das Eigelb rühren, alles wieder in den Topf zurückgeben und gut verrühren. Mit Salz, Pfeffer und Muskatnuß abschmecken. Ricotta hinzufügen und den Eischnee unterheben. Gut die Hälfte der Masse auf das Backpapier streichen und für 13 bis 15 Minuten in den auf 190 °C vorgeheizten Backofen geben.

Für die Füllung die Brunnenkresse waschen, etwas für die Garnitur beiseite legen. Die anderen Blättchen von den Stielen zupfen und in wenig Wasser 3 Minuten blanchieren. In einem Sieb abtropfen lassen und die Brunnenkresse pürieren. Crème fraîche unterziehen und mit Salz und Pfeffer abschmecken.

Ein zweites Stück Backpapier auf dem Tisch ausbreiten und das Backblech umstürzen, vorsichtig das Papier ablösen, eventuell mit Hilfe eines feuchten Tuches. Mit der Brunnenkressecreme bestreichen und aufrollen. In 1½ bis 2 cm dicke Scheiben schneiden. Dies ergibt etwa 15 Röllchen. Auf einer Platte oder portionsweise auf Tellern arrangieren. Mit Brunnenkresseblätter garnieren. Dazu schmeckt geräucherter Lachs oder Heilbutt, Ardenner Schinken oder geräucherte Gänsebrust mit einer Sauce von Honig, süßem Senf, Öl, Himbeeressig, Salz und Pfeffer.

Den restlichen Teig dieses Rezepts kann man für Eier im Teignest verwerten. Dazu 2 flache Auflaufteller mit Butter ausstreichen, 2 Zweige Petersilie hacken, ½ rote Paprikaschote kleinwürfeln und beides unter den Teig ziehen. Mit Paprikapulver würzen. Jeweils 1 Ei aufschlagen und in die Teller gleiten lassen, salzen, mit Teig bedecken und für etwa 6 Minuten in den auf 190 °C vorgeheizten Backofen geben.

Lauchtimbale mit Kaviarcreme

6 Blatt weiße Gelatine (oder 1 Päckchen gemahlene Gelatine)
1 große Zwiebel
2 Stangen Lauch
30–40 g Butter
1/8 Liter Hühnerbrühe
200 g Kräuter-Crème-fraîche
Salz
frisch gemahlener weißer Pfeffer
1 Msp. abgeriebene Muskatnuß
Butter für die Förmchen

Für die Kaviarcreme:
50 g Forellenkaviar
100 g Crème fraîche

4 geräucherte Forellenfilets

Weinempfehlung:
Weißer Côtes du Rhône

Die Gelatine in 4 Eßlöffel kaltem Wasser einweichen. Die Zwiebel abziehen und würfeln. Die Lauchstangen der Länge nach aufschneiden, gut waschen und in Ringe schneiden.
Die Butter in einem weiten Topf erhitzen. Die Zwiebel darin andünsten. Den Lauch hinzufügen und einige Minuten unter Rühren weitergaren. Mit Brühe ablöschen und 5 Minuten köcheln lassen. Vom Herd nehmen und im Topf pürieren. Crème fraîche dazugeben. Mit Salz, Pfeffer und Muskatnuß abschmecken. Die Gelatine einrühren. Eventuell vorher die Lauchcreme nochmals auf dem Herd erwärmen, damit sich die Gelatine auflösen kann. Die Gelatine sollte aber nicht miterhitzt werden, da sie sonst ihre Bindefähigkeit verliert.
Die Lauchcreme in 4 eingefettete Förmchen von etwa 8 cm Durchmesser geben, einige Stunden in den Kühlschrank stellen und auf bereitstehende Teller stürzen. Dazu mit einem Messer an den Rändern entlangfahren und die Förmchen kurz in heißes Wasser halten.
Für die Kaviarcreme den Kaviar unter die Crème fraîche heben und mit den Lauchtimbalen sowie den Forellenfilets servieren.

Es muß nicht immer der echte – und sehr teure – Kaviar vom Stör sein. Besonders in Finnland gilt gesalzener Rogen von Lachs oder Forelle als akzeptable und durchaus delikate Alternative. Er sollte jedoch frisch und nur leicht gesalzen sein. Kaviar ist geschmacksempfindlich, daher ist die Berührung mit Silberbestecken zu vermeiden.

Wirsingröllchen mit Limettensauce

Für etwa 8 Personen

200 g Kartoffeln
8 Wirsingblätter
350 g gekochte Fischreste
1 orangefarbene Batate von etwa 200 g Gewicht
2–3 Zweige asiatisches Basilikum
1 Knoblauchzehe
2 Eier
2 EL Paniermehl
1 EL Mehl
4 EL süße Sahne
Salz
frisch gemahlener schwarzer Pfeffer
abgeriebene Muskatnuß
2 Msp. Kreuzkümmel
1 TL Krabbenpaste
1 TL Butter

Für die Limettensauce:
1 unbehandelte Limette
1 Zitrone
2 Eier
gut 1/4 Liter Fischfond
1 Zitronenblatt
Salz
frisch gemahlener weißer Pfeffer

Die Kartoffeln waschen, schälen, vierteln, 20 Minuten in Salzwasser kochen, abschütten und durchpressen. Die Wirsingblätter blanchieren, die große Mittelrippe herausschneiden, so daß 2 Hälften entstehen für insgesamt 16 Röllchen. Den Fisch fein hacken oder durch die feine Scheibe des Fleischwolfs drehen. Die Batate schälen und grob raspeln. Basilikum waschen, trockentupfen und hacken. Die Knoblauchzehe abziehen und zerdrücken. Batate, Kartoffeln, Eier, Fisch, Paniermehl, Mehl, Sahne, Basilikum vermischen und mit den Gewürzen und der Krabbenpaste gut abschmecken. 10 Minuten durchziehen lassen.
Etwa einen gehäuften Eßlöffel Masse in jeweils eine Kohlblatthälfte füllen und aufrollen. In den unteren Teil eines Dampftopfes Wasser gießen, den Einsatz ausbuttern und die Röllchen darauflegen. Den Deckel aufsetzen. Etwa 10 bis 15 Minuten im Dampf garen. Auf einer Platte anrichten und warm halten.
Für die Limettensauce die Schale der Limette abreiben und den Saft von Limette und Zitrone auspressen. Die Eier verquirlen. Zitronen- und Limettensaft langsam unter Rühren hinzufügen. Den Fischfond mit dem Zitronenblatt aufkochen und vom Herd nehmen. Das Zitronenblatt entfernen. Langsam die Eiermischung in den warmen Fischfond rühren. Mit Salz, Pfeffer und etwas Limettenschale abschmecken. Zu den Wirsingröllchen servieren.

Cocktail aus Fisch und Meeresfrüchten

250–300 g Wolfsbarschfilet
oder ersatzweise Rotbarsch
Salz
1 TL Butter
6 EL trockener Weißwein
3 Mandarinen
1 Bund Dill
5 EL Crème fraîche
4 EL Joghurt natur
2 EL Tomatenketchup
1 EL Merrettich (Glas)
frisch gemahlener
weißer Pfeffer
2–3 Msp. Paprikapulver,
edelsüß
100 g Mies-, Venus- oder
Herzmuschelfleisch
100 g Nordseekrabben
4 Salatblätter
½ Zitrone

Weinempfehlung:
Der gleiche trockene Weißwein, der auch zum Kochen genommen wurde, z.B. Riesling Kabinett oder Kerner Kabinett aus Rheinhessen

Das Fischfilet waschen, trockentupfen, salzen und in einen Topf geben. Die Butter darauflegen, den Weißwein angießen und zugedeckt bei niedriger Temperatur etwa 10 Minuten köcheln lassen oder in der Mikrowelle bei 360 Watt 5 bis 6 Minuten garen. Erkalten lassen und in mundgerechte Stücke teilen.
Die Mandarinen schälen und in Spalten teilen, eventuell noch einmal durchschneiden. Den Dill hacken, etwas für die Garnitur aufheben. Crème fraîche mit Joghurt, Ketchup, Meerrettich, Dill, wenig Salz, Pfeffer und Paprikapulver verrühren. Fisch, Muscheln und Krabben mit der Creme vorsichtig vermischen. Salatblätter in Glasschalen legen. Die Mischung daraufgeben. Mit Dillzweig und Zitronenspalte garnieren. 1 Stunde durchziehen lassen und gut gekühlt auftragen.

Der Wolfsbarsch ist ein Leckerbissen unter den Speisefischen und deshalb sehr begehrt. Wegen seines mageren, festen weißen Fleisches und seines feinen Geschmacks läßt er sich vielfältig verwenden.

Hähnchenbrustfilet mit Mango und Kresse

1 EL Sonnenblumenöl
2 TL Butter
2 Hähnchenbrustfilets
1 Blutorange
Salz
frisch gemahlener schwarzer Pfeffer
1 EL Olivenöl
1–2 EL Mango-Chutney
einige Tropfen Worcestershiresauce
1 Mango
1 kleine Chicoréestaude
1 Päckchen Kresse

Weinempfehlung:
Silvaner aus Franken

Das Öl in einer Pfanne erhitzen und die Butter hinzufügen. Die Hähnchenbrustfilets hineingeben und beidseitig je 5 bis 6 Minuten leicht braten. Herausnehmen und kalt werden lassen.
Die Blutorange auspressen, mit Salz, Pfeffer, Öl und Mango-Chutney verrühren. Nach Belieben mit Worcestershiresauce abschmecken. Die Mango schälen. Das Fruchtfleisch in Scheiben vom Stein schneiden. Den Chicorée waschen und die Blätter vom Strunk lösen. Die Kresse waschen und trockentupfen.
Die Hähnchenbrustfilets in Scheiben schneiden, mit Chicoréeblättern, Mangoscheiben, Kresse und der Sauce auf Tellern arrangieren.

Mango, die Wunderfrucht aus den Tropen, ist ein wahres Gesundheitspaket. Beachtlich ist der Gehalt an Vitamin A und C sowie verschiedenen Mineralstoffen. Das überaus feine Aroma des Fruchtfleisches paßt wunderbar zu den zarten Hähnchenbrustfilets. Das alles gilt jedoch nur für reife Mangos. Aber wie erkennt man den idealen Reifezustand? Betasten alleine genügt nicht. Da hilft nur die Riechprobe. Mangos sollten niemals unter 13 °C gelagert werden. Schnelles Nachreifen erreicht man übrigens am besten bei 20 bis 25 °C, also Temperaturen, wie sie in der Heimat der Mango herrschen.

Wachtelbrüstchen mit Apfel-Pflaumensauce

1½ EL Öl
1 EL Butter
8 Wachtelbrüstchen zu je etwa 40 g
Salz
frisch gemahlener Pfeffer
½ Zitrone
1 großer und 1 kleiner Apfel
1 Stück frische Ingwerwurzel von etwa 1 cm Länge
2 TL Zucker
3 EL Pflaumensauce (chinesische Sauce)
1 Msp. Nelkenpulver
1–2 EL Reiswein oder trockener Sherry
½ Romana-Salat

Tip:
Statt der Wachtelbrüstchen können auch Entenbrustscheiben genommen werden.

Das Öl erhitzen und die Butter hinzufügen. Die Wachtelbrüstchen beidseitig je etwa 1 bis 2 Minuten braten, salzen, pfeffern und erkalten lassen.
Die Zitrone auspressen. Den großen Apfel schälen, entkernen und würfeln und mit 2 TL Zitronensaft beträufeln. Den Ingwer schälen und kleinhacken. Die Apfelwürfel mit dem Zucker und ⅛ Liter Wasser in einen Topf geben. Bei niedriger Temperatur kochen lassen, bis sie weich sind, dann pürieren und mit der Pflaumensauce vermischen. Mit Ingwer, Nelkenpulver, Reiswein oder Sherry abschmecken.
Die Blätter des Romana-Salats waschen, trockentupfen und möglichst nur die zarten Blätter verwenden. Die Wachtelbrüstchen aufschneiden und auf Salatblättern anrichten. Den kleinen Apfel schälen, entkernen, in dünne Scheiben schneiden und dazulegen. Mit der Apfel-Pflaumensauce vervollständigen und sofort servieren.

Wachteln fand man früher freilebend vor allem in getreidereichen Gegenden. Im Herbst zogen sie in den Süden, oft bis Nordafrika. Heute kommen sie vorwiegend aus Zuchten. Sie sind mit sechs Wochen bereits schlachtreif. Ihr Fleisch ist zart und wohlschmeckend.

Feigen mit Parma-schinken und Roquefort

Der Name „Prosciutto di Parma" steht für eine Delikatesse, die nicht nur von den Italienern geschätzt wird. Prosciutto leitet sich ab von „prosciugare", was trocknen bedeutet. Die besondere Methode des Salzens, Trocknens und Lagerns bestimmt den Reifeprozeß. Das unvergleichliche Ergebnis nach einer Reifezeit von über 12 Monaten ist der Parmaschinken.

100 g Roquefort
2 EL Crème fraîche
1/8 Liter süße Sahne
Salz
frisch gemahlener
schwarzer Pfeffer

4 frische reife Feigen
8 Scheiben Parmaschinken
12 schwarze Oliven

Weinempfehlung:
Pinot grigio aus Venetien oder del Veneto

Roquefort mit Crème fraîche und Sahne verrühren, so daß eine geschmeidige, dickflüssige Masse entsteht. Nach Belieben mit Salz und Pfeffer abschmecken.
Die Feigen waschen, trockentupfen und vierteln, dabei aber nicht ganz durchschneiden. Die Feigen sollten unten noch etwas zusammenhalten und wie eine Blüte aussehen.
Auf 4 Tellern die Feigen, den Parmaschinken, Oliven und die Roquefortsauce dekorativ anrichten.

Kichererbsenkroketten Tahina-Creme

KICHERERBSEN-
KROKETTEN
125 g getrocknete Kichererbsen
125 g getrocknete dicke weiße Bohnen
1–2 Knoblauchzehen
1 Zwiebel
1 Frühlingszwiebel
1 Bund glatte Petersilie
1 Eiweiß
Salz
Cayennepfeffer
½ TL gemahlener Kreuzkümmel
½ TL gemahlener Koriander
½ TL getrockneter Thymian
2 Msp. Kurkuma
Öl zum Fritieren

TAHINA-CREME
3 Knoblauchzehen
1 Bund glatte Petersilie
2–3 Zitronen
6 EL Tahina (Sesampaste)
etwa 6 EL Hühnerbrühe
6–8 EL Joghurt natur, vorzugsweise türkischer
Salz
etwa ¼–½ TL Kreuzkümmel

Variante:
Anstatt mit Hühnerbrühe mit Wasser verdünnen und einige Eßlöffel gemahlene Mandeln unterrühren. Die Petersilie dann weglassen.

KICHERERBSENKROKETTEN
Die Hülsenfrüchte über Nacht in kaltem Wasser einweichen. Die Knoblauchzehen und die Zwiebel abziehen. Die Knoblauchzehen zerdrücken und die Zwiebel grob zerschneiden. Die Frühlingszwiebel und die Petersilie waschen. Die Frühlingszwiebel in sehr dünne Ringe schneiden und die Blättchen der Petersilie von den Stielen zupfen.
Die abgetropften, nicht gekochten Hülsenfrüchte mit der Zwiebel und der Petersilie durch die feine Scheibe des Fleischwolfs drehen oder mit dem Schneidstab pürieren. Die Frühlingszwiebel und den Knoblauch sowie das leicht geschlagene Eiweiß hinzufügen. Mit Salz und den Gewürzen abschmecken. Diese Masse gut mischen und etwas ruhen lassen. Walnußgroße Bällchen formen und im heißen Öl fritieren. Auf Küchenpapier abtropfen lassen. Mit Tahina-Creme, Tomaten und Salat servieren.

In Ägypten sind die „Falafel“ fast schon so etwas wie ein Nationalgericht. Man findet dort, besonders auf dem Land, unzählige Gerichte aus Getreide, Hülsenfrüchten und Gemüsen.

TAHINA-CREME
Die Knoblauchzehen abziehen und zerdrücken. Die Petersilie waschen, trockentupfen, die Blättchen von den Stielen zupfen, einige für die Garnitur zurückbehalten, die anderen hacken. Die Zitronen auspressen. Tahinapaste mit Knoblauch, Petersilie und Zitronensaft gut vermischen. Die Masse halbieren. In die eine Hälfte Hühnerbrühe oder Wasser rühren. Unter die andere Hälfte den Joghurt rühren. Beides mit Salz und dem Kreuzkümmel abschmecken und in zwei Schälchen anrichten. Mit Petersilienblättchen garnieren und mit den Kichererbsenkroketten oder arabischem Brot servieren.

Im Nahen Osten ist Tahina eine beliebte Paste, die aus gemahlenen Sesamkörnern hergestellt wird. Bei Vorspeisen oder für zwischendurch verwendet man sie gern als Brotaufstrich. Tahina findet man in allen orientalischen, aber auch griechischen Geschäften.

Lammscheiben mit würziger Sauce

1 Ei
2 eingelegte Sardellenfilets
1 Schalotte
1 Knoblauchzehe
1 Frühlingszwiebel
2 Gewürzgurken
2 Zweige Estragon
Salz
frisch gemahlener schwarzer Pfeffer
2 EL Weißweinessig
7–8 EL Olivenöl
1 EL Kapern
350 g gebratenes Lammfleisch aus der Keule
12 eingelegte Perlzwiebeln

Das Ei in 8 bis 10 Minuten hart kochen, abschrecken und pellen. Das Eigelb herausnehmen und das Eiweiß hacken. Die Sardellenfilets abspülen, wässern und hacken. Die Schalotte und die Knoblauchzehe abziehen. Die Schalotte fein würfeln und die Knoblauchzehe zerdrücken. Die Frühlingszwiebel waschen und in feine Ringe schneiden. Die Gewürzgurken kleinwürfeln. Die Estragonblättchen von den Stielen zupfen und hacken. Etwas für die Garnitur zurückbehalten.
Salz und Pfeffer mit dem Essig verrühren. Knoblauch und Eigelb hinzufügen und weiterrühren. Nach und nach das Olivenöl hineingeben. Sardellen, Schalotte, Frühlingszwiebeln, Gewürzgurken und Kapern hinzugeben. Zum Schluß den Estragon unterrühren. Eventuell etwas Lake der Gewürzgurken hinzufügen.
Das Lammfleisch in dünne Scheiben schneiden und mit der kalten Sauce übergießen. Mit Estragonblättchen garnieren und mit Perlzwiebeln servieren.

Der Ursprung dieses Gerichtes ist in Italien, genauer gesagt, im Latium, zu suchen. Hier begegnet man allenthalben Schafherden, und es ist nicht verwunderlich, daß man sich auf schmackhafte Zubereitungen von Lammfleisch versteht. Es wird herzhaft gewürzt. Dabei können feingehackte Sardellenfilets einen wirksamen Beitrag leisten. Nur sollten sie für den, der es nicht so scharf mag, vorher in kaltem Wasser gewässert werden.

Elsässer Pastete

Für etwa 8 Personen

600 g Hackfleisch vom Schwein und vom Kalb, ersatzweise nur vom Schwein

Für die Marinade:
knapp ¼ Liter Elsässer Riesling
1 Lorbeerblatt
2 Gewürznelken
1 Thymianzweig
Salz
frisch gemahlener schwarzer Pfeffer

Für den Teig:
280 g Mehl
Salz
140 g Butter
½ Ei
1 Eigelb

Für die Füllung:
2 Zwiebeln
80 g glatte Petersilie
40 g Butter
150 g gekochter Schinken
Salz, Pfeffer
1 TL Pastetengewürz
50–60 g Paniermehl

Butter für das Blech
1 Eigelb
1 EL Milch

Tip:
Den Teig auf Backpapier ausrollen, dann vom Papier nehmen und auf das gefettete Blech legen.

Das Fleisch in eine Schüssel geben und mit dem Wein übergießen. Das Lorbeerblatt, die Gewürznelken, den Thymianzweig, Salz und Pfeffer hinzufügen. Abgedeckt über Nacht in den Kühlschrank stellen.
Für den Teig das Mehl mit dem Salz in eine Schüssel sieben.
Die kalte Butter würfeln und mit den Fingerspitzen in das Mehl bröseln. Ei, Eigelb und etwa 40 ml kaltes Wasser in den Teig rühren und zu einer homogenen Masse verarbeiten. Mit einem Tuch bedecken und gekühlt 2 Stunden stehenlassen.
Für die Füllung die Zwiebeln abziehen und fein schneiden. Die Petersilie waschen, trockentupfen und die Blättchen von den Stielen zupfen und hacken. Die Butter erhitzen und die Zwiebeln kurz darin andünsten. Den Schinken würfeln.
Den überschüssigen Wein vom Fleisch abgießen. Lorbeerblatt, Gewürznelken und Thymian entfernen. Den Schinken, die Petersilie und die Zwiebeln hinzufügen. Mit Salz, Pfeffer und Pastetengewürz abschmecken. Eventuell etwas Paniermehl dazugeben und alles gut vermischen.
Ein Backblech einfetten. Den größten Teil des Teigs zu einem Rechteck von etwa 35 cm Länge und 20 cm Breite ausrollen und auf das gefettete Blech legen. In die Mitte des Teiges das restliche Paniermehl streuen. Die Fleischmasse darauf verteilen. Die Ränder hochklappen.
Eine zweite Platte als Deckel ausrollen und darauflegen. Die Nahtstellen fest zusammendrücken. In der Mitte der Pastete ein Luftloch von etwa 1½ cm Durchmesser ausstechen und ein Papp- oder Papierröhrchen hineinstecken, damit beim Backen der Dampf entweichen kann. Aus Teigresten Verzierungen formen und die Pastete damit schmücken. Eigelb mit Milch verrühren und die Pastete damit bestreichen. Für etwa 70 Minuten in den auf 190 °C vorgeheizten Backofen stellen. Warm servieren.
Dazu paßt ein Blattsalat und der gleiche Elsässer Riesling, der für die Marinade genommen wurde.

Die Rezepte nach Gruppen

Soweit in den Rezepten nichts anderes vermerkt ist, sind die Zutaten für vier Personen berechnet.

Salate, Dips und Brote

Vorspeisen mit Gemüse, Eiern und Käse

Die Rezepte alphabetisch

Soweit in den Rezepten nichts anderes vermerkt ist, sind die Zutaten für vier Personen berechnet.

Bildquellen
Impressum

Bilderberg: Hans-Jürgen Burkard 12; Renate von Forster 8/9; Milan Horacek 11 (beide); Wolfgang Kunz 6; Till Leeser 10, 158; Andrej Reiser 18, 78; Reinhart Wolf 2
Pierre Boulat: Focus 5; Steve McCurry: Focus 7; C. G. Irrgang: Focus 50; Oliver Martel: Focus 98; Walter Mayr: Focus 19; Pierre Hussenot: Focus 4; Snowdon/Hoyer: Focus 118, 126, 156
Gruner+Jahr Fotoservice Picture Press: J. Schiedmann 22; Werner Bokelberg 23; Thanhäuser 146
Mauritius: Arthur 20; U. Kerth 42; Rossenbach 15; G. Schmied 16
Sigloch Edition/Bildarchiv: Hans Joachim Döbbelin 25 (alle), 102 und alle Rezeptfotos auf den ungeraden Seitenzahlen 27 bis 185

Redaktionelle Bearbeitung: Regina Dietrich

Reproduktion: Otterbach Repro, Rastatt
Satz: Sigloch Edition, Künzelsau
Druck: Druckerei Kohlhammer, Stuttgart
Papier: 135 g/m² nopaCoat glänzend chlorfrei der Nordland Papier AG, Dörpen
Bindearbeiten: Sigloch Buchbinderei, Künzelsau
ISBN 3-89393-145-7

Reihenweise Kulinarische Köstlichkeiten

In gleicher Ausstattung sind weitere Titel lieferbar.